JN279734

HARVARD BUSINESS SCHOOL PRESS

OPEN INNOVATION

The New Imperative For Creating and Profiting From Technology

ハーバード流 イノベーション戦略のすべて

Henry Chesbrough【著】

大前 恵一朗【訳】

OPEN INNOVATION by Henry W.Chesbrough.
Copyright (C) 2003 by Harvard Business School
Corporation. All rights reserved.
This book is published in Japan
by SANGYO NOHRITSU DAIGAKU SHUPPANBU
Japanese translation rights arranged with
Harvard Business School Press in Boston,MA
through The Asano Agency,Inc.in Tokyo

本書を推薦します

NEC代表取締役会長　佐々木　元

　いま、知の創造プロセスに大きな変化が生じている。

　企業における"中央研究所"という名称に象徴された、自己完結型の研究開発体制が終焉を迎えようとしている。わが国の産業、とりわけ製造業は、画一規格の製品を大量生産することでコストを下げ、国際市場における価格競争力を確立。輸出を通じて外貨を獲得し、再投資を行い成長を遂げてきた。この時代に効果的であったのは、基礎から応用、そして実用研究に至るまでリニアに展開される自己完結型の閉じたイノベーションであった。

　しかしこのシナリオは90年代半ば以降、少なくともそれまでの勢いでは機能しなくなった。今日の先端技術は、乗り越えるべき壁に対するソリューションが多様化し、複合化し、そして学際化しており、解は必ずしもひとつではない。唯一無二の解を想定して、それを"閉じたシステム"で追い続けることは、往々にして、いわゆる"イノベーションのジレンマ"の陥穽に落ちる結果を招く。ブレークスルーをもたらす鍵は、遍在する知の海の中から能動的につかみ取らねばならない。"オープン・イノベーション"の時代の到来である。

　新しい時代において企業は、文字通り知を"マネッジ（manage）"する必要に迫られる。オープンという意味は、企業の外部だけを指すのではない。内部も外部も含めたあらゆる組み合わせの中から、自らの限られたリソースの上に『革新知』を構築せねばならないのである。当然、ビジネスモデルも変化し、企業文化へも少なからず影響を及ぼす。個々の知的財産（IP:Intellectual Property）を外から調達するにせよ、ライセンス等で外へ出して収益化をはかるにせよ、その取扱いの巧拙は企業の業績に色濃く反映されてくる。

オープン・イノベーションのダイナミズムを成長のベクトルに合わせることができなければ、企業は停滞を余儀なくされ、熾烈なグローバル競争市場において、やがては淘汰されてしまう。まさに、"Most innovations fail. And companies that don't innovate die"（多くのイノベーションは失敗する。しかしイノベーションしない企業には死あるのみ）である。

　時宜を得たこの著の中でチェスブロウ博士は、著名な企業の実例を豊富に示しながら、イノベーションのパラダイム転換を明快に分析してみせる。90年代以降に顕著に見られるイノベーションのオープン化は、ベンチャーから大企業まで、先端技術の最前線に立つグローバル企業群が共通して直面している現象である。このたびの日本語版の出版を歓迎し、わが国の経営者、技術者、研究者はもちろん、先端技術の"社会化"の視点からも、広く一般の読者に推薦したい、洛陽の紙価を高める一冊である。

■ まえがき

　イノベーションに携わって20年以上になるが、いまでもイノベーションの難しさは変わらない。今日では、さらに難しい問題が生じている。イノベーションの方法自体にもイノベーションが必要なのである。本書はこの「イノベーションのイノベーション」のための書物である。私はイノベーションと発明とは異なるものであると考えている。発明をマーケットに出すのがイノベーションである。イノベーションには「破壊的イノベーション（disruptive innovation）」とよばれる、私たちの生活や社会システムを大きく変革してしまうものもある。電話やコピー機、パソコン、インターネットなどは、その例である。

　破壊的イノベーションにはさまざまなチャレンジがつきまとう。新製品がテクノロジー面でどこが新しいかは容易に予想することができても、その新製品が社会システムにどのような影響を与えるのか予想することは困難である。電子メールはその典型的な例である。これはテクノロジー自体ではなく、その使用方法が変革されたものであり、事前に予測することは難しい。テクノロジーの変革はイノベーターにとっても社会にとっても大きな影響をもたらすのである。

　イノベーションは革新的なビジネスモデルも要求する。これは大企業の中央研究所にとって大きなチャレンジである。大企業の中央研究所で生まれたアイデアの多くは失敗する。これまで、大企業はアイデアから試作品を素早く作り、テストし、顧客の反応を調査する方法を向上させてきた。しかし、顧客の望むイノベーションは強力なビジネスモデルが伴うとは限らない。既存のビジネスモデルを破壊する可能性もある。ゆえに、イノベーションのイノベーションのためには、製品自体のイノベーションのみならず、ビジネスモデルのイノベーションも必要なのである。ビジネスモデルを試作するスピードを速くすることも重要である。これはヘンリー・チェスブロウ教授が「オープン・イノベーション」の中心と位置づけてい

ることでもある。

　イノベーションのイノベーションが必要な理由は2つである。ひとつは、企業の外部から情報を得ることが格段に容易になったことである。企業はこれまでよりも簡単に顧客から情報を得ることができる。ネットワークの発達により、あたかも顧客が企業の研究室にいるかのようにコミュニケーションをすることができる。単に顧客からアイデアを得るだけではなく、試作品を顧客に使ってもらうことも容易となった。これにより、試作品の誤りや改良点を早期に把握し、早く完成品をマーケットに出すことができるようになった。

　もうひとつは、これまでのように、優秀な人材は1つの組織に所属しなくなってきたことである。彼らは複数のチームに同時に所属する。同様に、イノベーションも異なる分野の知識を活用する必要性が高まっている。異なる分野・組織に所属する多くの優秀な人材から、複数の異なる考え方を集めてイノベーションをどのように進めていけばよいのか、イノベーションのイノベーションが必要となってきている。

　新たなテクノロジーはイノベーションのイノベーションを進める手助けとなる。ネットワークを用いて顧客のアイデアを得ることは既に述べたが、たとえば自動車も実際に試作品を作る前に、ソフトウェア上で試作し、試乗し、顧客の反応を得ることが可能となった。テクノロジーの発達により、複雑なシステムをバーチャルに実現して顧客の声を設計段階から反映させることができるようになっている。

　イノベーションのイノベーション、特にビジネスモデルのイノベーションに活用できるテクノロジーとして、リアル・オプションを中心とするファイナンス技術がある。こうしたファイナンス技術の発達により、ベンチャー企業の柔軟性と公開企業の予測可能性の両面を備えた投資が可能となった。リアル・オプション理論はこれまでのNPV（正味現在価値）理論のようにキャッシュ・フローを静態的なものとせずダイナミックなものと考える。リアル・オプションでは、実行することと実行を待つことの双

方を考慮する。すなわち、製品の開発段階で得た知識と、製品をマーケットに出す（のを待つ）段階で得られた知識を考慮する。イノベーションを単なる賭けとみるのではなく、将来の可能性に投資するものとみるのである。こうしたリアル・オプションのようなファイナンス技術の発展により、ベンチャー・キャピタル的な価値の獲得が可能となるのも、イノベーションのイノベーションの重要な要素である。

　チェスブロウ教授の提示するオープン・イノベーション・モデルには、2つの流れがある。企業からアイデアがあふれ出て価値を創造する流れと、アイデアが外部から企業に流れ込み新製品や新たなビジネスモデルを創造する流れである。これら2つの流れのバランスは非常に重要である。リスクの高いイノベーションを推し進めて失敗した若手研究員の受けるダメージは、成功すべきイノベーションを黙殺した役員の受けるダメージよりも大きいだろう。オープン・イノベーションにより、このようにイノベーションが黙殺される可能性を減らし、有効なアイデアが棚上げされるのを防ぐことができるのである。イノベーションは企業にとっては非常に重要なことではあるが、常に企業内での先例・保守的な抵抗に脅かされる。しかし私たちはイノベーションのイノベーションに努めなければならない。本書「オープン・イノベーション」はこうした時代において、最良の教科書となるであろう。

John Seely Brown
Xerox Palo Alto Research Center 名誉所長

■ 謝　辞

　本書はシリコン・バレーにおける著者のテクノロジー・マネジメントの経験と、その後のアカデミアにおけるイノベーション・プロセスの研究がベースとなっている。本書が理論と実務の双方から、マネジャーと学者にとって有益な書となることを望む。

　本書の完成には、ハーバード・ビジネス・スクールの同僚の多くの協力を得た。中でも Richard Rosenbloom は私のイノベーション・プロセスの理解を大きく深めてくれた。彼は親しい Xerox の役員とともに、同社の内部イノベーション・プロセスやスピンオフ企業に関する私のリサーチに協力してくれた。Clayton Christensen と Dorothy Leonard も、イノベーションに関する諸問題について指導し、また本書の原稿を読み有益な助言もしてくれた。ハーバードにおけるイノベーション担当の他の教授たち、特に Mary Tripsas、Stefan Thomke、Josh Lerner には多くの助言を頂いた。ハーバードからは財政面でもサポートを頂いた。Edward Smith は Xerox とのインタビューを助けてくれた。Anthony Massaro と Clarissa Ceruti もリサーチのサポートをしてくれた。HBS Press のエディター Jeff Kehoe にも原稿から校正まで一貫して助言を頂いた。

　本書は外部のアイデアをイノベーションに活用することを主張するものであるが、本書執筆の過程で、私自身、学外の方の多くのアイデアにより、イノベーションに関する理解を深めることができた。David Teece、David Mowery、Bronwyn Hall にはイノベーション・プロセスに関する考え方と過去の研究成果について私の理解を深めてくれた。Richard Nelson、Steven Klepper、Keith Pavitt は適切な批評をしてくれた。Brian Silverman、Fiona Murray、Kwanghui Lim、Annabelle Gawer、Andrea Prencipe、Arvids Ziedonis も多くの点で本書の完成を助けてくれた。

　さらに、実際にイノベーション・プロセスの改善に努力している多くの企業のマネジャーも本書に大きく貢献してくれた。Xerox では、John

Seely Brown、Mark Myers、Herve Gallaire、Mark Bernstein、Richard Bruce、Ramana Rao、William Spencer 他の方々や、35 のスピンオフ企業のマネジャーにご協力頂いた。IBM では、Nicholas D'Onofrio、Paul Horn、Philip Summers、John Wolpert、John Patrick 他の方々にお世話になった。インテルでは、Leslie Vadasz、Sun-Lin Chou、Keith Larson、Howard High、David Tennenhouse、Sandy Wilson 他の方々にお世話になった。ルーセントでは Andrew Garman、Tom Uhlman、Ralph Faison、Stephen Socolof 他の方々と有益な意見交換ができた。プロクター＆ギャンブルの Larry Huston と Scott Cook からも社外にフォーカスした新たなイノベーション戦略についての話を聞くことができた。本書がこれらマネジャーたちのくれた時間に匹敵する価値を生み出してくれることを望みたい。

そのほかにも、Arati Prabhakar、Pat Windham、Jerry Sheehan、Nancy Confrey、米国海軍大佐 Terry Pierce、Cameron Peters にも大変お世話になった。親しい友人である Ken Novak、Rich Mironov、Rudy Ruggles も忍耐強く本書の完成に協力してくれた。

本書の完成にはクラスルームの学生も大きく貢献してくれた。彼らは経験は浅いが、新鮮なアイデアで既存の知識にチャレンジしてくれた。彼らの意見、質問により、私の考えは検証され改善されたといえる。

両親 Richard & Joyce Chesbrough による精神的サポートにも感謝したい。娘 Emily と Sarah も私が本書を完成させるのに忍耐強く協力してくれた。最大の協力者は妻キャサリンである。初期のフィールド・リサーチから原稿の校正作業に至るまで、多大なる協力と有益な批評をしてくれた。彼女のおかげで本書はすばらしいものになった。感謝と愛を込めて、本書を彼女に捧げたい。

ヘンリー・チェスブロウ
henry@chesbrough.com

キャサリンへ

オープン・イノベーション
CONTENTS

本書を推薦します　i

まえがき　iii

謝辞　vii

■ 序章……1
■ 第1章　Xerox PARC──クローズド・イノベーションの成果と限界……19
■ 第2章　クローズド・イノベーション・パラダイム……39
■ 第3章　オープン・イノベーション・パラダイム……57
■ 第4章　ビジネスモデル──社内、社外のイノベーションの結合……75
■ 第5章　クローズド・イノベーションからオープン・イノベーションへ
　　　　　──IBMの変遷……103
■ 第6章　インテルのオープン・イノベーション……121
■ 第7章　企業内部のテクノロジーによる新たなベンチャー企業の創造
　　　　　──ルーセント・ニュー・ベンチャー・グループ……141
■ 第8章　知的財産権のマネジメント……161
■ 第9章　オープン・イノベーションに向けた戦略と戦術……185

訳者あとがき……205

索引……207

序章

- ■ 21世紀のイノベーション——2つのモデル
- ■ イノベーションのパラダイム・シフト
- ■ クローズド・イノベーションの崩壊
- ■ オープン・イノベーションの台頭と評価
- ■ 本書の主張

多くのイノベーションは失敗する。しかしイノベーションしない企業には死あるのみである。本書はイノベーションのプロセス、すなわち、いかにしてテクノロジーを活用し発展させることにより新たな製品・サービスを創造するか、について研究した書物である。いつの時代でも変わらない真実は「イノベーションを続けなければならない」ということである。イノベーションのマネジメントはいかなる企業にとっても死活問題である。イノベーションは既存の企業が生き残るためにも、新たな企業が成長するためにも必要なものであるが、同時に、そのマネジメントは非常に困難な仕事なのである。

■ 21世紀のイノベーション──2つのモデル

チャールズ・ディキンズ風にいうと、21世紀はイノベーションにとって最良の世紀でもあり、最悪の世紀でもある。テクノロジーは加速度的に発達している。最古の産業である農業においても、遺伝子工学により害虫や干魃、病気に強い作物が開発され生産性が飛躍的に向上している。また同じく最古の産業である小売業においても、コンピュータや通信技術の発達により顧客やサプライヤーとの距離は縮まり、多種多様な商品を最低限の在庫で販売できるようになった。テクノロジーの発達により新たなサービス業が生まれ、さまざまなサービスが安価に提供されるようになった。最大のサービス業であるヘルスケアでも、テクノロジーの発達により、皆が健康で長生きできるようなサービスを提供してくれるようになった。

しかし同時に、21世紀はイノベーションに取り組む企業にとって最悪の時代でもある。多くの一流企業は研究開発投資を維持するのに苦労している。20世紀における著名な研究所であるベル研究所の例をみてみよう。最近まで、ベル研究所を母体とするルーセント社と、シスコ社の間で、激しい戦いが繰り広げられていた。

テレコミュニケーション企業であるルーセントは、1996年、AT&Tの

分割により設立された企業であり、「史上最大のベンチャー企業」とよばれた。ルーセントはAT&Tとベル研究所の遺産を受け継ぎ、設立後5年の間、テレコミュニケーション業界を席巻した。シスコはルーセントの後を追い続け、ときには追い越すことに成功した。ベル研究所の遺産によりルーセントは多くの製品・サービスを提供できたが、こうした遺産のないシスコも多くの製品・サービスを提供し続けていた。

ルーセントとシスコは、同じテレコミュニケーション企業でありながら、異なるイノベーションのプロセスを採用していた。ルーセントは世界最先端の研究開発のために巨額の投資を行っていた。

一方、シスコは通常の研究開発は行わなかった。シスコの採ったイノベーション戦略は、世界中のベンチャー企業を調査し、新製品、新技術を開発している企業を探し出し、これらベンチャー企業に投資したり、ときには吸収合併したりするというものであった。これらベンチャー企業の中には、ルーセントやAT&TのOBによってつくられたものもあった。このようにシスコは、自分自身で研究開発を行わなくとも、最先端の製品・サービスを提供し続けることができたのである。

ルーセントのような自社内での研究開発は限界になってきた。これは、ルーセントに限ったことではない。IBMといえどもPCの世界では、インテルやマイクロソフトに対抗できなかったのだ。ノキアも、もともとはパルプとゴム業界にいたのに、20年間で無線通信業界の雄であるモトローラ、シーメンス等を抜いてトップになった。General Electric（GE）の研究所にはかつてほどの勢いはない。XeroxはPalo Alto Research Center（PARC）から分離してしまった。Hewlett-PackardのHP研究所はHPとAgilentに分離してしまった。

イノベーションに取り組む企業は、21世紀初頭にパラドックスに直面している。アイデアは世の中に溢れており、企業内部で研究開発を行うのは効率的ではなくなった。イノベーションは重要な課題であり、イノベーションのマネジメントにはこれまでとは異なった方法が必要になってきた

のである。研究開発投資には巨額な資金が必要であるが、企業はこうした研究開発投資が次世代をリードするテクノロジーの種をうまく育てているのか、不安になっている。

　過去、企業内部での研究開発は、重要な戦略的投資であり、競争相手からの参入障壁になると考えられてきた。DuPont、Merck、IBM、GE、AT&Tといった巨大企業は、巨額な研究開発投資で業界をリードし、利益を上げてきた。これらの企業に対抗しようとするならば、より巨額な研究開発投資が必要であると考えられてきた。

　しかし、これら巨大企業は、新たな企業との競争に直面している。新たな企業とは、インテル、シスコ、マイクロソフト、サン、オラクル、Amgen、Genzymeといった企業である。これらは非常にイノベーティブな企業であるが、自らはほとんど研究開発は行わない。他社のイノベーションを活用するのである。インテルやマイクロソフトには、その技術を活用してもらおうと、多くのベンチャー企業が群れているが、これらベンチャー企業も実は他社の技術を活用しているケースが多い。

　さらに悪いことに、巨額な研究開発投資を続けてきた企業の中には、その研究結果が無駄なものとなることがあった。そこで既存の研究を捨て、新たな研究課題に移るのだが、驚くべきことには、捨ててしまった研究が他社に大きな利益をもたらす例も出てきたのだ。実際、XeroxのPARCではコンピュータのハードウェアやソフトウェアの有効な研究開発が多く行われたが、Xeroxはこれらから一銭も得ることができなかったのである。

■イノベーションのパラダイム・シフト

　巨大企業のイノベーションはなぜ失敗するのか。私の研究からいえることは、イノベーションをマーケティングするプロセスが大きな変化を遂げているということである。私たちは、「イノベーションのパラダイム・シフト」を経験しているのである。[※1]　私は、従来型のイノベーションを「ク

ローズド・イノベーション」とよぶ。クローズド・イノベーションは、「成功するイノベーションはコントロールが必要である」という信条に基づく。企業は自分でアイデアを発展させ、マーケティングし、サポートし、ファイナンスしなければならないということである。このパラダイムではすべてを自分でやってしまおうと考えており、他人の能力は信用できないと考えている。

クローズド・イノベーションは内向きの論理である。一般に信じられているクローズド・イノベーションは次のようなルールに従うとされる。

- 業界で最も優秀な人材を雇わなければならない。
- 新製品をマーケットに出すためには自ら開発しなければならない。
- 最も早く新製品を開発した者が、それを最も早くマーケットに出すことができる。
- イノベーティブな商品を最初にマーケットに出した者が勝つのが普通である。
- 業界最大の研究開発投資をすればベストな新製品が開発でき、業界をリードすることができる。
- 知的財産を守り他社が真似のできないようにすべきである。

クローズド・イノベーションは図表序−1のようなサイクルとなる。企業内部で研究開発投資をすることにより、新技術を発見できる。これらを用いて新製品を販売する。新製品により、売上げ、利益が増加し、さらに研究開発投資を続けることができる。新技術に関する知的財産権は厳しくガードし、他社には利用させない。

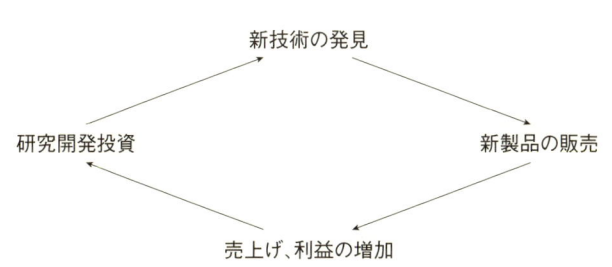

図表序−1　クローズド・イノベーションのサイクル

新技術の発見 → 新製品の販売 → 売上げ、利益の増加 → 研究開発投資 → 新技術の発見

20世紀においてはこのパラダイムは成り立っていた。ドイツのケミカル企業では大きな研究所を設立し多くの新製品の開発・販売に貢献した。トマス・エジソンは有名なGE研究所を設立し多くの新技術を発見した。ベル研究所でもトランジスタに代表される、多くの新技術が発明された。米国政府も研究所を設立し原子爆弾の開発を行った。

図表序－2に、クローズド・イノベーションにおいて、研究開発から新製品がマーケットに出るまでのプロセスを示す。太い直線は企業の境界を示す。新たなアイデアは図の左で生まれ、右のマーケットに向かって流れていく。その間、アイデアは選別され、生き残ったアイデアのみが製品化されマーケットに出されることになる。

図表序－2においては研究と開発は一体であり内向きである。伝統的な研究開発プロセスの多くはこうであった。[※2] 新たな研究プロジェクトは社内で開発されマーケットへと出される（図の左から右）。このプロセスは、当初有望でも開発が進むうちに有望でなくなるようなプロジェクトを取り除くためのものであった。こうしてスクリーニングされたプロジェクトはマーケットにおいて成功する確率が高かった。

図表序－2　クローズド・イノベーションによる研究開発マネジメント

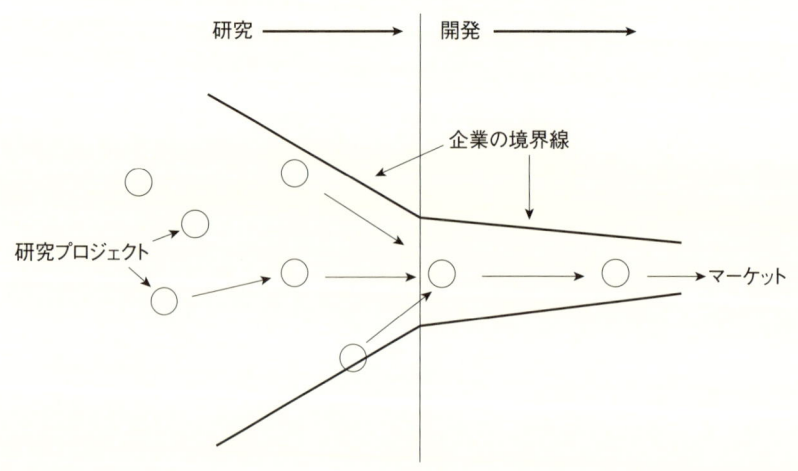

■クローズド・イノベーションの崩壊

　20世紀の終わりにクローズド・イノベーションは崩壊の危機に直面していた。ひとつの要因は、熟練した労働者の流動性の高まりであった。熟練労働者が長年働いた会社を去るとき、その長年蓄積した知識も新たな雇用者の下に持ち去っていった（新たな雇用者は前の雇用者に熟練労働者の訓練費用を補償することはなかった）。もうひとつは、大学や大学院において訓練を受けた者の数が増加したことである。これにより、多くの産業で大企業から中小企業に至るまで知識レベルが向上した。さらには、ベンチャー・キャピタル（VC）の存在がある。VCは他社の研究を商品化することを専門とするベンチャー企業を創造した。こうしたベンチャー企業は、しばしば、産業界に君臨し大きな研究開発投資を行ってきた大企業を恐れさせる存在となった。

　クローズド・イノベーションは、多くの製品がマーケットに出るまでのスピードがアップしたことと、新製品の寿命の短さに追いつけなくなった。さらに、ますます賢くなった顧客やサプライヤーを相手に利益を上げるのは困難となってきた。また、海外の企業からの競争もますます激しくなってきた。

　こうした状況では、クローズド・イノベーションは効果的なプロセスとはいえなくなってきた（図表序－3）。新技術が開発されたとき、開発に携わった科学者・エンジニアには、以前になかった選択肢が出現した。それは外部で起業することである。もし、所属する企業がその新技術を適切に、即時に商品化できなければ、科学者・エンジニアたちは自分たちでベンチャー企業を立ち上げ商品化をすることが可能となった。もちろん、こうしたベンチャー企業の多くは倒産する。しかし、成功すれば、株式公開（IPO）をしたり、魅力的な価格で大企業から買収オファーを受けることもある。このように成功したベンチャー企業は、同じ種類の技術には再投資しない。シスコのように、全く異なった他社の技術を商品化しようとする

図表序-3 変化するイノベーションのサイクル

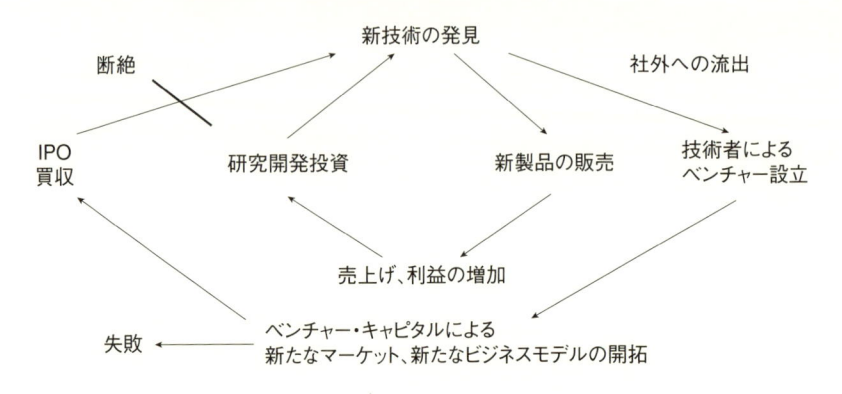

のである。

　こうした選択肢の存在は、これまでの研究開発プロセスを崩壊させた。新技術の開発に資金を提供した元の企業は、新技術開発の結果から利益を得ることはできなくなった。そして利益をのがした企業は新技術開発のための投資をしなくなった。研究開発のサイクルが断ち切られたのである。

　このように、クローズド・イノベーションはもはや持続可能でなくなった。そこで、新しいアプローチ（私はそれを「オープン・イノベーション」と名づける）が出現した。企業が技術革新を続けるためには、企業内部のアイデアと外部（他社）のアイデアを用い、企業内部または外部において発展させ商品化を行う必要がある。オープン・イノベーションは、企業内部と外部のアイデアを有機的に結合させ、価値を創造することをいう。オープン・イノベーションは、アイデアを商品化するのに、既存の企業以外のチャネルをも通してマーケットにアクセスし、付加価値を創造する。図表序-4は、オープン・イノベーションを図示したものである。

　図表序-4では、アイデアは企業の研究プロセスの中で生まれるが、発展するにつれて企業外部に出て行ってしまうことがわかる。主な例としては、研究開発に携わった研究者が、外部でベンチャー企業を興こすケースである。また、外部でライセンスを取ったり、研究者が引き抜かれたりす

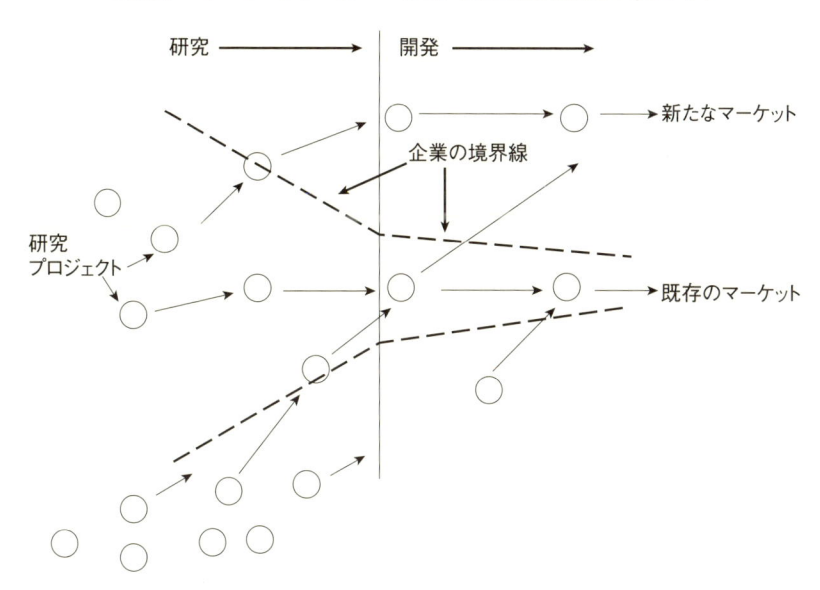

図表序-4　オープン・イノベーションによる研究開発マネジメント

（図：研究→開発の流れ。企業の境界線は点線で描かれ、研究プロジェクトのアイデアが企業内外を行き来し、新たなマーケットや既存のマーケットへと至る様子を示す）

ることもある。一方で、外部で生まれたアイデアが企業内部にやってくることもある。

　図表序-4に示すとおり、企業外部には可能性のあるアイデアがたくさん存在する。図表序-2で企業の境界線を示したように、図表序-4でも同じように企業の境界線を示している。しかしこの線は点線であり、企業内外のアクセスがより自由に行われていることを示している。

　オープン・イノベーションのプロセスにおいても、有望なアイデアを誤って捨ててしまうことがある。しかしXerox PARCのケースのように、アイデアは復活し、価値を創造することもあるのだ。こうしたアイデアは既存のマーケットではなく、新たなマーケットで評価されることが多い。あるいは他のアイデアと組み合わせることにより価値が生まれることもある。こうした機会があることは、クローズド・イノベーションのプロセスにおいては見過ごされていたのである。

　オープン・イノベーションは、アイデアを創造した企業がそのアイデア

を商品化するのが基本である。しかし、商品化するのはアイデアを創造した企業である必要はない。また、商品化するアイデアも、その企業が創造したアイデアに限らない。このように、オープン・イノベーションは、これまでの研究開発プロセスとは全く考え方が異なるものなのである。

図表序－5は、オープン・イノベーションとクローズド・イノベーションを比較した表である。

図表序－5　クローズド・イノベーションとオープン・イノベーションの比較

クローズド・イノベーション	オープン・イノベーション
最も優秀な人材を雇うべきである。	社内に優秀な人材は必ずしも必要ない。社内に限らず社外の優秀な人材と共同して働けばよい。
研究開発から利益を得るためには、発見、開発、商品化まで独力で行わなければならない。	外部の研究開発によっても大きな価値が創造できる。社内の研究開発はその価値の一部を確保するために必要である。
独力で発明すれば、一番にマーケットに出すことができる。	利益を得るためには、必ずしも基礎から研究開発を行う必要はない。
イノベーションを初めにマーケットに出した企業が成功する。	優れたビジネスモデルを構築するほうが、製品をマーケットに最初に出すよりも重要である。
業界でベストのアイデアを創造したものが勝つ。	社内と社外のアイデアを最も有効に活用できた者が勝つ。
知的財産権をコントロールし他社を排除すべきである。	他社に知的財産権を使用させることにより利益を得たり、他社の知的財産権を購入することにより自社のビジネスモデルを発展させることも考えるべきである。

■オープン・イノベーションの台頭と評価

クローズド・イノベーション・パラダイムは、多くの産業を支配していた。本書は、コピー機、コンピュータ、ディスク・ドライブ、半導体、半導体製造装置、通信機器、医薬品、バイオテクノロジーといった産業界を詳細に研究したものである。これらは、いわゆるハイテク産業である。

しかし、間違ってはならない。本書のコンセプトは、ハイテク産業に特

有なものではない。あらゆる企業は、テクノロジー（アイデアを商品・サービスに変える手段）を持っている。

　しかし、同じテクノロジーが永遠に持続すると考えるのは誤りである。テクノロジーは変化すると考えるべきである。しかも予想外の方向に。変化についていけない企業、イノベーションしない企業には死あるのみである。

　オープン・イノベーションの例をみてみよう。この例は、決してハイテク企業とはいえない、消費者向け包装業界である。1999年に、プロクター＆ギャンブル（P&G）はイノベーションのプロセスを変更することを決断した。これまで社内のみに依存していた研究開発プロセスを社外にも拡大した。これを"Connect and Develop"とよんだ。これはP&Gが社外の革新的なアイデアを採用する必要性を理解した結果導入されたものである。[※3] P&Gは、外部イノベーション担当ディレクターというポジションを創設し、2002年までに、全体に占める社外イノベーションの割合を現在の10％から50％に引き上げる目標を定めた。これは、次のような単純な理由からである。すなわち、P&Gは8,600人の科学者を雇用しイノベーションに努めている。しかし、社外には150万人の科学者がいる。社内ですべてのイノベーションを行うのは合理的なことだろうか。[※4] また、P&Gは、社内のアイデアを社外に売り込み始めた。P&Gがその研究室で開発したアイデアのうち、P&Gが商品化しなかったものは、3年後に他企業（競争相手を含む）が利用できるようにしたのである。[※5]

　もっとも、すべての産業において、現在オープン・イノベーションが行われているわけではない。変化の波にさらされていないいくつかの産業では、引き続きクローズド・イノベーションが行われている。原子炉や航空機エンジンは、アイデアの研究と商品化が企業内部で行われている産業の代表例である（しかし、その航空機エンジンを使用して航空機の設計・組み立てを行う航空機メーカーのイノベーション・プロセスは変化の波にさらされている）。

　一方、一部の産業では、これまで長い間、オープン・イノベーションが

行われてきた。ハリウッドの映画業界では、長年の間に、プロダクション・スタジオ、監督、タレント事務所、俳優、脚本家、専門家（たとえば特殊効果）、プロデューサーといった者たちの間のネットワークを築きあげてきた。現代のインベストメント・バンキングも、社外のアイデアを用いて革新的なサービスを生み出してきた。ファイナンスの博士号取得者や大学教授が、エキゾチックな投資商品を創造し、これまで想像もつかなかったようなヘッジツールを生み出してきた。

これら産業は、クローズド・イノベーションからオープン・イノベーションといった両極端のパラダイムの中間のどこかに位置するといってよいだろう。[※6]

クローズド・イノベーション	オープン・イノベーション
（産業の例）	（産業の例）
原子炉、メインフレーム・コンピュータ	パソコン、映画
ほとんど社内のアイデア	多くの社外のアイデアを活用
労働者の流動性が低い	労働者の流動性が高い
ベンチャー・キャピタルが少ない	ベンチャー・キャピタルが多い
ベンチャー企業が少ない	ベンチャー企業が多い
大学は重要でない	大学は重要である

そして、多くの産業は、このクローズド・イノベーションとオープン・イノベーションといった2つのパラダイムの間を移行中である。自動車、バイオテクノロジー、医薬品、ヘルスケア、コンピュータ、ソフトウェア、通信、銀行、保険、消費者包装、軍需産業は、このように移行中の産業の例である。本書は、こうしたパラダイム・シフトに注目している。これらの産業では、多くのきわめて重要なイノベーションは、普通では考えられない場所で現れた。企業内の研究所ではなく、社外のベンチャー企業や大学でイノベーションが行われたのである。本書は、こうしたイノベーションのパラダイム・シフトを経験している多くのビジネスパースンに必携の書となることを確信している。

あなたのビジネスがクローズド・イノベーションを維持していると思うならば、あなたはこの本に価値を見出さないかもしれない。しかし、本書

を捨てる前に、あなたのビジネスをもう一度よく観察してほしい。

ビジネスの歴史においては、財務的に繁栄していても将来の成功の基礎が完全に崩れている企業が多くみられる。この本で紹介する一部の会社は、クローズド・イノベーションに固執することによってこれまで成長を続けてきた。しかし手遅れになる前に、パラダイム・シフトに気がついた企業はほとんどない。あなたのビジネスにおいてもパラダイム・シフトの必要性は認識しているが、まだ対応していないのではないだろうか。そうであるならば、本書により、さまざまなビジネスにおけるオープン・イノベーションへのパラダイム・シフトの経験を学ぶことができるだろう。

■本書の主張

ビジネスを取り巻く環境は変化している。イノベーションのプロセスもクローズドからオープンに変わらなければならない。本書ではイノベーションに対する新たな見方を紹介する。

第1章では、Xeroxの非常に生産的な研究所であるPalo Alto Research Center (PARC) における経験を紹介する。Xeroxでは、PARCの開発したテクノロジーのうち、そのビジネスモデルに合うもののみ採用し、合わないものは捨てられていた。これらの捨てられたテクノロジーはXeroxのバリュー・チェーンの外側に置かれ、後になって他の多くの会社により商品化された。Xeroxが無価値だとして捨てたテクノロジーも、他社の異なるビジネスモデルにおいては大いに価値があったのである。XeroxにおけるPARCのケースは、クローズド・イノベーションからオープン・イノベーションへの移行を示す典型的な例である。

第2章と第3章は、さらに詳細にオープン・イノベーションを研究する。ここで重要なことは、有用な知識は普及するということである。19世紀においては、知識は大企業に独占されていた。こうした大企業は産業界をリードし、重要な発見をし続けた。しかし現在、こうした知識の独占は崩

壊した。これは政府の独占禁止政策によるところもあったが、多くはベンチャー企業の出現と大学の研究所の質向上によるものであった。知識は企業の研究所だけのものではなく、顧客、サプライヤー、大学、政府、産業コンソーシアム、ベンチャー企業により保有されるようになったのである。

　第3章では企業がその持つアイデアを十分に活用していないことについても述べる。企業は自らの持つアイデアを十分に活用できず、イノベーションのプロセスにも無駄が多い。ゆえに、企業内部での研究開発はスピードが遅く、効率性も低い。企業は自らのアイデアを他社のビジネスに使用させないので、ライセンス料から利益を得る機会も失ってしまう。

　活用されないアイデアは死ぬ。クローズド・イノベーションが崩壊したように、アイデアを内部に抱え込もうとする企業も崩壊の危機に直面している。アイデアとそれを生み出す人々は、企業が商品化するまで待ってはくれない。ある企業が有効に活用できないアイデアは他の企業に移ってしまう。アイデアを生み出す人々も同じである。

　第4章は、アイデアやテクノロジーの価値は、そのビジネスモデルに依存することを述べる。テクノロジー自体には固有の価値はない。テクノロジーの価値は、それを活用するビジネスモデルにより決定される。2つの異なるビジネスモデルによってマーケットに出されると、同じテクノロジーでも生み出す価値は異なることがある。テクノロジー自体がずば抜けて良くなくとも、ビジネスモデルが良ければ高い価値を生み出す。一方、テクノロジーが優れていても、ビジネスモデルが劣っていれば、低い価値しか生み出さないことがある。ビジネスモデルは、顧客が求めるものを見出し、必要なテクノロジーを探し求める。そして、どのようにすれば価値を生み出すことができるかを特定する。後で述べるように、知的財産のマネジメントについても同様のことがいえる。

　第5章から第8章では、実際の主要企業におけるオープン・イノベーションの例を紹介する。第5章では、IBMにおけるイノベーションのマネジメント方法の変革について述べる。IBMは、クローズド・イノベーショ

ンを実践する代表的な企業であった。しかし、今日では、IBMはクローズド・イノベーションから転換し、他社の開発したテクノロジーを使用してビジネスを展開したり、自社の開発したテクノロジーを他社に売却するようになっている。

第6章は、インテルの非常にユニークなイノベーションのモデルを紹介する。インテルは、その創立からクローズド・イノベーションを避けてきた企業である。ハイテク産業であるにもかかわらず、インテルは社内では研究開発をほとんど行わず、社外のテクノロジーをビジネスに導入することにより成長してきた。そのために、インテルは、外部のアカデミックな研究を慎重にモニタリングし、またベンチャー・キャピタルとしてベンチャー企業への出資を行ってきた。

こうした外部のテクノロジーを活用するインテルのアプローチと対照的に、第7章においてはルーセントのアプローチである、自社のテクノロジーを外部に提供する手法を紹介する。ルーセントの New Ventures Group (NVG) は、ベル研究所の内部でベンチャー・キャピタルとしての役割を果たしてきた。その存在は、ルーセントがベル研究所の開発したテクノロジーを、自社あるいは他社が商品化するために大きな影響を及ぼした。

インテルとルーセントは、オープン・イノベーションのために重要なもう1つの真理を提示する。ベンチャー・キャピタルが、イノベーション・プロセスそのものを誰にでもアクセス可能にするということである。ベンチャー・キャピタルの影響は、その出資するベンチャー企業を越えて大きく広がる。ベンチャー・キャピタルの存在は、ベンチャー企業の取引先、提携先、競争相手にも影響する。イノベーション・プロセスにおいて、ベンチャー・キャピタルが、ベンチャー企業の価値創造を助ける役割は、十分に理解されていない。しかし、オープン・イノベーションにおいては、こうしたベンチャー・キャピタルの役割は非常に重要なものなのである。最低限の資金で設立されたベンチャー企業は、ベンチャー・キャピタルと共存することを学ばなければならない。すなわち、ベンチャー・キャピタ

ルが他のベンチャー企業にも投資している役割を利用して、自社のテクノロジーを商品化し、マーケットを開拓していくのである。

　第8章では、イノベーション・プロセスにおける知的財産権のマネジメントについて検討する。知識が溢れる世界では、企業は知的財産権の売買を活発に行うべきである。しかし、多くの企業では自らの保有する知的財産権を自社のビジネスに活用する以上には活用できていない。企業は、知的財産権を自ら開発するよりも、他社のものを利用したほうがより多くの利益を得ることができることが多い。これは、知的財産権のマネジメントの大きな変革である。ライバルを排除するために知的財産権を管理するのではなく、ライバルに利用させることにより利益を得られるようにマネジメントするべきである。そして、他社が知的財産権を利用することを恐れてはならない。Millennium Pharmaceuticals、IBM、インテルは、知的財産権のマネジメントにおける魅力的な実例を提供してくれる。

　第9章では、企業がオープン・イノベーション・システムへ移行するための戦略と戦術について検討する。この章では、企業がどのようにオープン・イノベーションを活用することができるかについて説明する。そして、外部のテクノロジーを用いて、企業の現在のビジネスの隙間を満たす方法について述べる。また、企業内部のテクノロジーにより、企業の新しいビジネスの種を生み出す方法についても検討する。

　このように本書はイノベーション・プロセスに対する新しいビジョンを提示する。新たなビジョンとは、社内でテクノロジーを開発すると同時に、社外でも有用なテクノロジーを捜し求める必要性を主張するものである。すなわち自社のアイデアは、自社のビジネスを成長させるために貪欲に利用すると同時に、他社へ積極的に提供すべきであるということである。アイデアの世界で自社を開放することにより、企業は既存のビジネスを改革し、新たなビジネスを生み出し、21世紀を生き残ることができる。

　アイデアが世界に溢れる現在こそ、革新する企業には最適な時代なのである。

脚注

※1 本書では「パラダイム」を、実務的な活動（ここでは研究開発）に関して広く受け入れられているモデルを指す。パラダイムの概念については、Thomas Kuhn, *Structure of Scientific Revolutions* (Chicago: University of Chicago Press, 1962)参照。

※2 Richard Schonberger and Edward Knod, *Operations Management* (Boston:Irwin, 1994), 59-61.

※3 Nabil Sakkab, "Connect and Develop Complements Research and Develop at P&G," *Research-Technology Management* 45, no.2(2002):38-45.

※4 Larry Huston, director of external innovation, Procter & Gambleとの電話インタビュー(5 August 2002)。

※5 Sakkab, "Connect and Develop."

※6 「世界中の優秀な人すべてがわが社で働いているわけではない」という言葉に私がはじめて注目したのは、1990年初期のサン・マイクロシステムのBill Joyとの会話の中である。たとえば、Alex Lash, "The Joy of Sun: The Most Important Person Building the Software That Makes the Internet Tick," *The Industry Standard*, 21 June 1999, http://thestandard.com/article/0,1902,5171,00.html(accessed 27 September 2002)参照。

第1章

Xerox PARC
クローズド・イノベーションの成果と限界

- Xerox のイノベーション
  PARC の創設
  「PARC 問題」の根本的原因
- SynOptics の変革
- テクノロジーとマーケットの不確実性
  のマネジメント
- チェスかポーカーか
- PARC のテクノロジーとシリコンバレー
  のベンチャーキャピタル

Xeroxはイノベーションにおいて名高い歴史を持つ。そのイノベーションの多くは、Xeroxが新たなマーケット開拓を目的として設立したPalo Alto Research Center（PARC）において行われた。PARCのイノベーションに関する物語は知られているようで知られていない部分が多い。

　XeroxのPARCにおける経験は、私たちに次のような教訓を示してくれる。すなわち、30年以上も資金を投下し続けたすばらしい社内研究所で開発されたテクノロジーが、社外に流出してしまうのはなぜなのだろうか？　Xeroxは、PARCのマネジメントに失敗したのだろうか？

　PARCが、プロジェクトの選択を誤ったのか？　誤ってプロジェクトを捨ててしまったのか？

　PARCによるコンピュータ関連のイノベーションが、Xeroxとその株主にほとんど利益をもたらさなかったのはなぜだろうか？

　失敗も成功も、答えは、Xeroxが研究開発をマネジメントした方法にある。Xeroxのアプローチは、20世紀において成功した企業によるベスト・プラクティスであった。しかし、Xeroxの歴史は、このアプローチの利点とともに、最近明らかになった欠点も示している。

■ Xeroxのイノベーション

　1970年のXeroxは、成功していた。1950年代にHaloidと呼ばれた小さな会社が、フォーチュン誌の選ぶ世界の大企業500社入りを果たしていたのだ。Xeroxはオフィス向けコピー機市場で支配的なシェアを占め、大きな利益を上げていた。その株式は、ウォール街でも人気があった。しかし、Xeroxはこの調子が無限には続かないことを理解していた。

　会社の将来を確実にするために、重要な投資を決断した。

　1969年に、CEOのPeter McColoughは、研究開発担当役員のJacob Goldmanに対し、社内に新しい研究所を建設するよう指示した。この新しい研究所は、Xeroxのビジョンを実現するのに必要なテクノロジーを提供

する役割を果たすものであった。McColoughのビジョンは、Xeroxがオフィスコピー機メーカーから、情報集約型の製品メーカーへ発展することであった。

　Goldmanは任務を引き受けた。彼は、XeroxがRCA社のような運命となることを避けるためには、研究開発投資が必要だと強く感じていた。RCAは、ラジオ、そしてテレビといったエレクトロニクス商品の先駆者であり、優れた真空管技術により、低コストで高い品質の製品を供給していた。

　ベル研究所のWilliam Shockleyと彼の同僚がトランジスタを作り出したとき、RCAは真空管技術への投資を強化することにより対抗した。RCAは更なる改良を成し遂げたが、半導体テクノロジーの将来を十分に予知することはできなかった。[※1] 1960年代までに、RCAはそのテクノロジーの優位性を完全に失った。Goldmanは、先端的なテクノロジーへの投資により、XeroxをRCAのような運命から救うことができると確信していた。[※2]

PARCの創設

　Goldmanは、この新しい研究所のリーダーとして、Xeroxの科学者George Pakeを指名した。Pakeが任務を引き受けたとき、偶然にもコンピュータ技術に関する政府の研究投資は減少していた。その結果、Pakeと彼のスタッフは、この分野で最高の研究者を多く採用することができた。1970年に、PakeはPARCをカリフォルニア州のPalo Altoに設立した。

　PARCの創設は成功であった。今日のパソコンとコミュニケーションに関するイノベーションの重要な部分はPARCが開発した。グラフィカル・ユーザー・インタフェース（GUI）は、PARCで開発されたものである。緑のASCIIキャラクタに替わる、ビット・マップによるスクリーンもそこで生まれた。Ethernetやその後の高速ネットワーク・プロトコルもそこで開発された。フォント制御プログラムであるPostScriptもPARCで開発さ

れた。

　後のPARCでは、文書管理ソフトウェア、Web検索、オンライン会議に関するテクノロジーも開発された。

　またPARCは、半導体ダイオード・レーザーの研究により、レーザープリンタの開発にも重要な貢献をした。これはXeroxのコピー機とプリンタ事業にとって非常に重要なものとなった。しかし、PARCの開発したテクノロジーは後の社会に大いに役立ったとしても、親会社であるXeroxには利益をもたらさなかったのである。

　この問題はXerox社内で大いに議論された。Xerox本社のマネジメントの問題によりPARCのテクノロジーをうまく活用して利益を上げることができなかったとか、PARC内の政治的な問題によるというような意見があった。[※3]

　しかし理由は、これらだけではないようである。Xeroxは、30年以上もPARCをサポートしてきた。会社がPARCに価値を認めないならば、これほど長期間サポートされることはなかっただろう。PARCの科学者は、単にテクノロジーを開発していただけではない。彼らは、多くの異なるタイプのハードウェアを統合し、複雑なソフトウェアを走らせた非常に先進的なシステムを構築していた。この統合を達成するには、多くの科学技術を横断的に取り入れ接続することが必要であった。それは政治的に争いのある研究所では不可能なことであった。

　PARCのマネジメントは誤っていなかった。むしろ、それは業界の社内研究所においては、最高水準のマネジメントが行われていた。そして、PARCのリーダーたちは、優秀であった。

　彼らは、最新の知識を持ち、非常に合理的な人たちであった。そして、PARCは効率的に運営されていた。実際、PARCは、今日のパソコンとコミュニケーションに関するイノベーションの重要な部分を開発した。そして、これらの研究成果はXeroxにとっても有用であった。Xeroxで売られるレーザープリンタと先進的コピー機は、直接PARCの技術を応用したも

のである。

　私たちは、PARC と Xerox の問題を明らかにする必要があるだろう。これにより、イノベーションのマネジメントについて、有益な教訓を得ることができると思われるからである。

「PARC 問題」の根本的原因

　私は、Xerox の多くのプロジェクトをチェックし、約100人のマネジャーにインタビューした。そして Xerox の問題は、イノベーション・プロセスのマネジメントにあることを発見した。Xerox は、クローズド・イノベーション・パラダイムにより PARC をマネージしようとしたのだ。新しい技術の開発、製品化、流通、ファイナンス、アフターサービスをすべて自社内で行った。このパラダイムは、Xerox 特有のものではなかった。それは、第2次世界大戦後、すべての米国企業において用いられていた手法である。

　しかし、PARC で開発されたテクノロジーは、オープン・イノベーションにおいてのみ、真に経済的価値を創造することができた。すなわち、PARC の研究者が Xerox をやめ、新しいベンチャー企業をスタートさせることにより、PARC のテクノロジーは経済的価値の創造につながったのである。これらベンチャー企業は、Xerox のような垂直統合型のビジネスモデルを採用することができず、別のビジネスモデルを採用しなければならなかった。彼らの製品が他社の製品上で動作するようにシステムを構築したのである。これらベンチャー企業は、PARC がそのテクノロジーを開発したときに想定した使い方とは異なる使い方により、成功した。

　たとえば、研究者の一部が Apple 社に転職することにより、マッキントッシュ・コンピュータには、PARC で開発されたユーザー・インタフェースのデザインの多くが採用された。

　他のテクノロジーは、マイクロソフトで商品化された。たとえば、ワー

プロBravoは、マイクロソフトWordの先駆者であった。現在とは異なり、アップルとマイクロソフトは当時若い企業であり、企業内部に研究所は持っていなかった。[※4]

PARCから社外に出たテクノロジーの多くは、新しく作られたベンチャー企業に吸収された。これらベンチャー企業には、元PARCの研究者が転職していた。[※5] 図表1－1に、1979年から1998年までに、PARCの技術を商品化した24のベンチャー企業を示す。

これらの企業の多くは、現在では廃業している。しかし一部の会社は、成功を続けている。10の企業は公開企業となり、2002年には3Com、Adobe、Documentumの3社が生き残っている。

図表1－1も、Xeroxのテクノロジー・マネジメントに関する神話に関する誤りを示すものである。これらのテクノロジーは、Xeroxのマネジメントの手違いや怠慢により外部に漏れたわけではない。Xeroxはこれらのテクノロジーを他社にライセンスすることにより利益を上げたのである。

なぜXeroxは、これらのテクノロジーを他社が使用することを許したのか。Xeroxの社内ではそのテクノロジーから利益を生み出す可能性を見出さなかったからである。すべてのテクノロジーを開発し続けることは高価で、他の重要なプロジェクトに投資することを妨げる。ある研究プロジェクトがXeroxのビジネスに少しも貢献しないと判断されれば、その研究への資金提供は打ち切られた。多くの場合、研究者はXeroxにとってより大きな可能性のある研究プロジェクトに取り組むことを選んだ。しかし、研究者はプロジェクトを続けたがることもある。そのときは、Xeroxは、こうした研究者がプロジェクトとともに会社を去ることを認めた。[※6]

こうして社外に出されたテクノロジーの一部は、後に大きな価値を生み出すこともあったが、はじめは社内で将来性が認められなかったのである。去っていくテクノロジーはみにくいアヒルの子なのである。成功したテクノロジーは、Xeroxを出たあと、マーケットに出るまで、大変な努力を要するのが普通である。しかし、これらがXeroxにとどまったならば、社外

第1章 Xerox PARC

図表1－1　Xerox PARCからスピンオフされた企業（1979～1998年）

企業名	Xeroxはライセンスを認めたか？	スピンオフされた日	イベント	イベント発生日	テクノロジー	当初の役員
3Com	Y	79年6月	IPO	84年3月	ハードウェア、ネットワーク	Robert Metcalfe
VLSI	N	79年8月	IPO	83年3月	その他	Jack Balletto
GRiD	N	79年12月	吸収合併	88年7月	ハードウェア、ソフトウェア	John Ellenby
Aurora	Y	80年2月	チャプター11	88年12月	ハードウェア、ソフトウェア	Richard Shoup
Optimem	Y	80年6月	売却	91年6月	ハードウェア	George Sollman
Metaphor	N	82年10月	売却	91年10月	ハードウェア、ソフトウェア、ネットワーク	Don Massaro
Komag	Y	83年6月	IPO	87年3月	ハードウェア、その他	Tu Chen, Steve Johnson
SDLI	Y	83年6月	IPO	95年3月	その他	Donald R.Scifres
Adobe	N	83年11月	IPO	86年8月	ソフトウェア	John E.Warnock
Microlytics	Y	85年3月	チャプター11	96年11月	ソフトウェア、その他	Michael Weiner
SynOptics	Y	85年10月	IPO	88年10月	ネットワーク	Andy Ludwick
StepperVision	Y	87年4月	ライセンス	88年10月	ハードウェア、ソフトウェア	Worth Ludwick
ParcPlace	Y	88年3月	IPO	94年2月	ソフトウェア	Adele Goldbarg
AWPI	Y	89年6月	再買収	91年1月	ハードウェア、ソフトウェア	Tony Domit
Documentum	Y	90年1月	IPO	96年1月	ソフトウェア	Howard Shoa
Semaphore	Y	90年10月	吸収合併	98年4月	ハードウェア、ソフトウェア、その他	Charles Hart
Document Sciences	Y	91年10月	IPO	96年9月	ソフトウェア	Tony Domit
LiveWorks	Y	92年8月	閉鎖	97年7月	ネットワーク	Richard Bruce
CTI	N	94年5月	営業中		ソフトウェア、その他	Henry Sang
X ColorgrafX	Y	94年10月	営業中		プリンタ	Barry Lathan
DpiX	Y	96年3月	売却	99年7月	ダイオード、その他	Malcolm Thompson
PlaceWare	Y	96年11月	営業中		ソフトウェア	Richard Bruce
Inxight	Y	96年12月	営業中		ソフトウェア	Mohan Trikha
Uppercase	Y	98年1月	営業中		ハードウェア、ソフトウェア	Frank Halasz

に出た場合のような価値を生み出さなかっただろう。こうした成功は、社外に出たあとの努力によるものであり、はじめから成功が約束されていたわけではない。こうした経験は、XeroxのPARCほど知られていないが、SynOptics社でも同様にみられる。次にこれをみてみよう。

■SynOpticsの変革

　SynOpticsのテクノロジーは、光ケーブル上でEthernetの高速バージョンを作ることを目的として、1980年代半ばにPARC内で成長してきた。このプロジェクトは、5年早く商品化に成功した3Com（PARC出身企業のひとつ）におけるEthernetの研究を継続したものである。しかし、このテクノロジーを商品化するには、当時はまだ未成熟であった光ケーブル・ネットワークのような次世代テクノロジーの普及も同時に必要であった。SynOpticsの技術を使用するためには、顧客はコンピュータとプリンタ等をつなぐため全く新しいネットワークをインストールする必要があり、それは非常に高価であった。ゆえに、Xeroxはこのテクノロジーは時期尚早であると判断し、商品化を追求することをやめた。

　Andy LudwickとRonald Schmidtは、このテクノロジーをもとにXerox社外で起業することを決心した。彼らは光ケーブルが普及するまで待つだけの余裕があった。当初は光ケーブル・ネットワークを導入するのは高価かもしれない。しかし、いったん市場に普及し始めれば、彼らは成長市場のなかで優位なポジションを得ることができると考えた。LudwickとSchmidtがXeroxから独立する際、Xeroxは15％の株式を保有することにした。

　LudwickとSchmidtがXeroxから独立すると、社外にはより有望な可能性があることを発見した。彼らが光ケーブルを想定してつくったソフトウェアのプロトコルは通常のネットワークにも適用することができることを発見した。彼らは、Ethernetを通常のネットワーク上でも高速化するこ

とができたのである（SynOpticsによって可能なEthernetの高速化は、当初はIBMのトークンリングとよばれるネットワークのみで可能であったが、すぐに他のタイプのネットワークにも応用可能となった）。彼らは、まだ普及していない光ケーブル・ネットワーク上でのEthernetの高速化を追求するよりも、既存のネットワーク上でそのテクノロジーを応用するほうを選んだ。

　このように、SynOpticsは、まだ普及していない次世代ネットワーク対応の製品を売るのではなく、既に普及しているネットワークの速度とパフォーマンスをグレードアップする商品を販売することにしたのである。顧客にとっても、新しい光ケーブル・ネットワークを導入するのに比べるとはるかに安いコストで、既存のネットワークの速度を5〜10倍も速くすることができるのである。これは非常に魅力的であった。

　SynOpticsは、これをうまく商品化した。SynOpticsは設立後3年で株式公開することができた。PARCで始まった小さなプロジェクトは億単位の会社に発展した。後に東海岸の企業Wellfleet社と合併し、Bay Networks社となった（後にBay NetworksはNortel社に買収された）。

　SynOpticsの成功をXeroxのおかげと考えるのはあまりに単純である。SynOpticsによって実現した価値の源泉は、単にPARC内部でつくられXerox社外に放出されたものそのものではない。それはテクノロジーを創造的に組み換えたものである。もとのテクノロジーを異なったタイプのネットワークに活用することによって別の価値を生み出したのである。遠い将来のXerox製品を助ける代わりに、SynOpticsは現在のIBM製品を改善する方法を提供した。これはSynOpticsがPARCから飛び出した後に気づいたことである。

　もちろん、PARCを飛び出して何の価値も生まなかったプロジェクトも多い。これらのプロジェクトは、社外での価値を創造することにも失敗したのである。しかし、成功したものは、パーソナル・コンピュータに革命をもたらし、通信ネットワーク業界の発展に貢献した。図表1－2に、成

功した企業のうち株式公開されているものの市場価値を示す。[※7] 比較のために、Xerox 自身の市場価値も示している。図示されているように、Xerox 自身の株価は 1990 年代に非常に高くなり、2000 年〜 2001 年に大きく落ちた。Xerox からスピンオフされた企業は 1990 年代に成長し、1995 年と 1999 年に Xerox に追いついた。これらもテクノロジー関連の株価の下落につれて 2000 年〜 2001 年に急落したけれども、2001 年の終わりには、これらスピンオフされた企業の市場価値は親会社である Xerox の企業価値の 2 倍となった。

　Xerox からスピンオフされた企業の成功は、顧みれば驚くべきものであったが、Xerox 社内の研究者からみると確かに予想外だった。SynOptics によって示されたように、これらのテクノロジーは Xerox にとっては重要なものではなく、社外に出されても将来性があるとは考えられなかった。しかし社外に出された後に大きな価値を生んだのである。

図表 1 － 2　Xerox と Xerox からスピンオフされた企業の市場価値比較

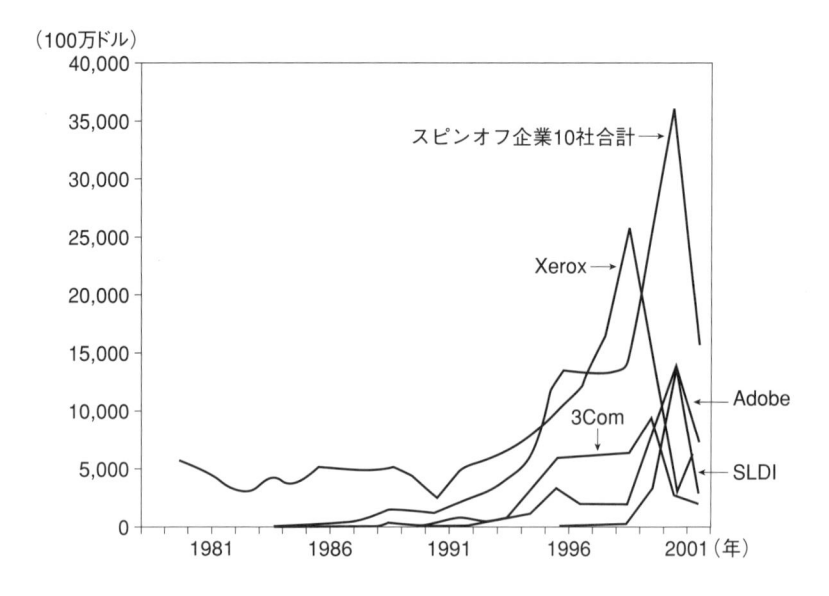

第1章　Xerox PARC

　こうしたスピンオフ企業は、Xeroxのコピー機やプリンタのように垂直に統合されたバリュー・チェーンを破壊しテクノロジーを利用してパーソナル・コンピュータや通信業界との水平統合を試みた。これら業界では、異なる会社のテクノロジーが（Xeroxの内部では想像できないぐあいに）結合していった。
　これら新しい結合は、Xerox社内に閉じ込められていては、見つけるのは困難なものであった。新たなベンチャー企業のほうがテクノロジーの将来を見通しやすかったのはなぜだろうか。Xeroxの能力とビジョンは優れたものであったが、そのイノベーション・プロセスは、テクノロジーとマーケットの不確実性をビジネスとして結びつけるには十分に適していなかったのである。

■テクノロジーとマーケットの不確実性のマネジメント

　SynOpticsの例が示すように、新技術の商品化に成功するには、テクノロジーとマーケットの不確実性の双方のマネジメントに成功する必要がある。未熟なテクノロジーはその能力とパフォーマンスのかなりの部分が明らかではなく、他のテクノロジーとの関係もよくわからない。こうしたテクノロジーの不確実性に加えて、マーケットの不確実性がつきまとう。新たなテクノロジーはそれがどのように利用され顧客にどういう利益をもたらすのか、よくわからないのである。[※8]
　新たなテクノロジーが既存の顧客、マーケットに適用されるのであれば、その利益は理解しやすい。テクノロジーによる利益は、これまでの経験に基づいて評価すればよいのである。Xeroxはテクノロジーがコピー機やプリンタに適用される限りは、テクノロジーの不確実性を十分に評価できた。Xeroxは、1990年代までに、テクノロジーの基本を電気機械ベースのものから電子ベースのものに変更した。半導体レーザー・ダイオードをそのハイエンドのコピー機とプリンタ事業に使用し始めたのである。これにより

XeroxはRCAのようなテクノロジーの陳腐化に伴う敗北を免れた。

Xeroxにとってのチャレンジは、そのテクノロジーを既存のマーケット、顧客以外に適用しなければならなかったことである。また、Xeroxが戦わなければならなかったテクノロジーの不確実性は、同時にマーケットの不確実性でもあった。どのような顧客にどのようなテクノロジーを使用するのが最適かわからないのである。

マーケットの不確実性に対処する必要があることは、テクノロジーの不確実性に対処することを一層困難にさせる。テクノロジーがどのマーケットで使用されるかに、テクノロジーの不確実性は大きく依存するからである。テクノロジーをどのマーケットに集中させることが最適なのか、マーケットを選択することが一番の問題である。SynOpticsの元になったテクノロジーは、もともとXeroxのコピー機を速く動かすためにPARCにおいて作られたものである。IBMのトークンリング・ネットワークのように、IBMと互換性を持つパソコンやプリンタと接続するために作られたものではない。誰かがそのテクノロジーにとって最適なマーケットと使い道を見つけるまでは、そのテクノロジーをどこに集中させるべきかわからないものである。

新たなテクノロジーを商品化するには、テクノロジーとマーケットの不確実性を解決する必要があるが、その正しい方法を当初から予期できるものではない。前もってすべての可能性を知ることはできないのである。将来はわからないし、知ることはできない。いくら計画し研究しても、わからないものはわからないのである。とりあえず、最初の製品を作り、顧客が好むか嫌うかを見なければならない。そうして得たフィードバックに応じて計画を修正するのである。また、可能な限り複数のマーケットにおいてテクノロジーを使用してみるべきである。さまざまなマーケットにアプローチすることにより、そのテクノロジーの重要な使い道が見つかる可能性が増えるだろう。イノベーションの歴史では、テクノロジーの最終的な使用方法は、当初想定された使い道とは大きく異なっているものが多い。[※9]

こうした作業を大企業がするのは困難である。研究開発プロセスが確立している大企業では、可能な限り多くの異なるマーケットにおいてテクノロジーを使用するといった試みをすることが困難であり、無駄であると考えることが多い。多くの試みは失敗に終わるからである。[10] しかし、これを非効率的と考えるのは誤りである。誰も前もって、どのマーケットでそのテクノロジーを使用するのがベストであるか、わからないからである。誰もわからない以上、できる限り多くの実験を試みるしかないのである。[11]

新たなテクノロジーを発達させる秘訣を要約すれば、次のようになるだろう。第一に、できるだけ多くの可能性を追求し、できるだけ安いコストで、迅速なフィードバックを求めなければならない。第二に、最終的なマーケットに近いマーケットを見つけ、できるだけ早期に成功することである。詳細で、完全で、慎重な計画を立てるのではなく、最初の少数の調査から得られる情報に迅速に反応しなければならない。

■チェスかポーカーか

新たなマーケットにおけるテクノロジーの開発プロセスは、既存のマーケットにおけるテクノロジーの開発プロセスとは非常に異なっている。いわば、チェスとポーカーくらい異なっている。IBMの研究部門責任者James McGroddyは次のように私に語ってくれた。

> もしあなたが既存のビジネスでテクノロジーを活用しようとするとき、それはチェス・ゲームのようである。あなたは相手ができることとできないことを知っている。あなたは競争条件やゲームに勝つために必要なことを知っている。そして、相手の動きを何手も先まで予想することができる。
> しかし、新しいマーケットにおいてテクノロジーの活用を計画することは根本的に異なっている。あなたは、チェスをしていない。ポーカーをしているのである。あなたは、前もってすべての情報を知っているわけではない。それでも、あなたは次のカードを見、ゲームにとどまるために追加的なお金を使うべきかどうか決めなければならないのである。[12]

McGroddyの比喩は、PARCのテクノロジーに対するXeroxのマネジメントのやり方に対して貴重な洞察を提供してくれる。Xeroxのイノベーション・プロセスは、チェスをするには向いているが、ポーカーをするには適していなかったということだ。

PARC内の研究プロジェクトは個々の研究者のイニシアティブで通常始まる。イノベーション・プロセスには個人の熱意が必要と考えられてきた。多くの企業内の研究者は、その熱意と忍耐により評価されてきた。これは、あらゆる研究プロジェクトが最初に通過しなければならない関門である。

次の関門は、研究所の他の研究者がプロジェクトに加わってくれるかどうかであった。マネジャーがある研究者にプロジェクトに加わるよう命令するのではなく、研究者がプロジェクトに自主的に集まってくるといったボトムアップのプロセスである。こうしたやり方で、Xeroxは、現在どのプロジェクトが研究者の自主的な関心を集めているか知ることができた。

こうしてプロジェクトは選別されていく。この段階でマネジャーは、どのプロジェクトを継続し、どのプロジェクトを放棄するか判断を下す。プロジェクトには研究者の熱意が必要なので、プロジェクトを放棄するプロセスは慎重に行う必要がある。90年代にPARCの役員であったJohn Seely Brownは、「私はプロジェクトを放棄したことはなく、あくまでも研究者に対して、彼らの才能をより生かせる他のプロジェクトを紹介しただけだ」と語る。[※13]

プロジェクトを遂行するために、いったん小さいグループができると、それを維持するために多くの資源が必要となる。この時点で、Xeroxのマネジャーはより明確な選別を行う。まず、マネジャーはプロジェクトの技術的な可能性を評価する。チームにおける技術的なチャレンジは何か、チームの質は十分か、これまでプロジェクトは進捗しているか、将来進捗が見込まれるか等の点についてである。次に、会社にとってのプロジェクトの経済価値を判断する必要がある。そのために、ビジネス各部門の代表を集めて、プロジェクトのポテンシャルを評価する。

Xeroxのビジネスは、主としてコピー機、プリンタといった商品で利益を伸ばすことに力を入れてきた。Xeroxはこうしたビジネスに役立つ技術革新に熱心であった。そして、しばしば顧客をXeroxの研究室に招待して開発中のテクノロジーを紹介し、いかに技術革新に熱心であるか顧客に宣伝した。

　また顧客からのフィードバックにより、どのテクノロジーが将来最も有望と思われるか知ることができた。このフィードバックは、Xeroxの年次予算におけるプロジェクト毎の資源配分に影響した。予算では、各ビジネスにおいて、新技術を用いて新製品を提供したりコストを引き下げることにより、どれくらい利益を生み出すか予測する必要がある。こうした予測は現在のマーケット、顧客に基づくものであり、新たなマーケット、新たな顧客を想定したものではない。[※14]

　プロジェクトが大きくなりより多くの資源を消費するものとなれば、社内における評価も厳しくなる。商品化が近いプロジェクトで何億円もの投資が必要な場合には、CEOにまで評価が上がっていく。こうした企業内部の評価プロセスは、プロジェクトをあらゆる観点（プロジェクトの財務面への影響、商品の品質への影響、商品の流通への影響、国際面への影響等）を検討するので時間がかかる。

　図表1－3にXeroxにおける評価プロセスを示す。垂直の点線はプロジェクトが評価されるポイントを示す。プロジェクトが左から右に進むにつれて、多くの資源を使うが、プロジェクトの数は少なくなる。そして、マーケットに近くなり顧客から見えるようになる。プロセスの右端では、プロジェクトはXeroxのビジネス部門にいくか、新たなベンチャー企業となるか、他社へライセンスされるかに分かれる。[※15]

　このプロセスはチェスをするには最適な方法であった。テストされたプロジェクトに対して明確なフィードバックがあり、高いコストもかからない。成功率も高い。顧客が選んだプロジェクトは、マーケットでも成功する可能性が高いからである。こうしたプロセスは、Xeroxで多くの成功す

図表1－3　Xerox のイノベーション・プロセス（1996年）

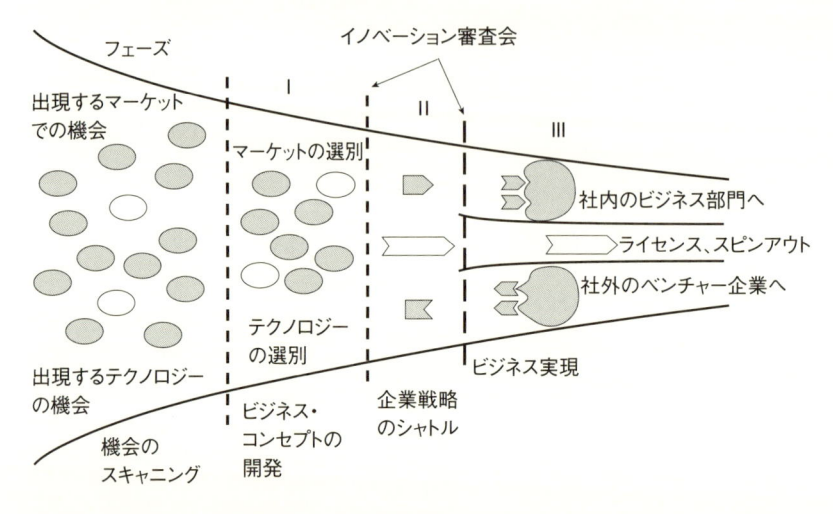

出典：H. Chesbrough, "PlaceWare: Issues in Structuring a Xerox Technology Spinout," Case no 9-699-001. Boston: Harvard Business School, 1999.

るプロジェクトを生み出した。

　しかしこうしたプロセスは、既存のビジネスの枠外でポーカーをするには適していなかった。図表1－3で示すように、ポーカーをするには、ベンチャー企業かライセンスしかない。これでは、プロジェクトのマーケットにおける潜在価値、新たな投資機会を評価できない。顧客は、しばしば、新たな技術にどういう価値を見出すかわからないものだからである。またXerox の営業担当者も、未熟なテクノロジーの将来を予測することはできない。その結果、PARC は外部コンサルタントや、外部の研究者に相談しなければならなくなる。しかし、これらは賢い方法ではない。彼らのアドバイスは、不明瞭であり、スピードが遅く、マーケットで成功を得るのとは関係がないことが多い。このように、未熟なテクノロジーの評価は困難であるため、年次予算編成において資源配分を削られる対象となってしまう。ゆえに、これらのプロジェクトは社内での資金源が絶たれてしまい、企業外部へ切り出されることになる。企業から切り出されて起業されたベ

ンチャー企業は図表1－1に示されている。

■PARCのテクノロジーとシリコンバレーの ベンチャー・キャピタル

　Xeroxからベンチャー企業がスピンオフされても、それだけで話は終わらない。図表1－1に示されている企業は、非常に特異な方法で資金を調達している。それはベンチャー・キャピタルである。PARCはシリコンバレーの真中にあった。PARCが当時の最先端技術開発の中心であったように、シリコンバレーもベンチャー・キャピタルの中心地であった。

　ベンチャー・キャピタルは70年代ではまだ未発達の産業であったが、80年代には強い力を持つ産業となった。ベンチャー・キャピタルは単なる資金供給源ではなかった。ベンチャー企業を創造し新技術を商品化するための新たなプロセスそのものであった。これはXeroxなどの大企業がこれまで社内の研究所で行ってきた技術開発とは異なったものであった。[※16]

　多くの点で、ベンチャー・キャピタルの技術評価プロセスは、大企業が行う評価プロセスに比べ劣っている。プロジェクトを詳細には分析しないし、技術評価も深く行わない。関与する人数も少ない。顧客も評価プロセスに参加しない。他部門の上級マネジャーも評価プロセスに参加しない。ベンチャー・キャピタルが行う技術評価は、チェスをするには適していないといえる。

　しかし、ポーカーをするには適している。手札が勝ちそうであれば、短期間に追加投資が決定される。評価に関与するのもベンチャー・キャピタルの取締役本人たちである。逆に手札が負けそうであれば、ゲームを降りる（ベンチャー企業を閉鎖する）決定も早く行われる。こうした決定もベンチャー・キャピタルの取締役本人たちによるものであり、他部門マネジャーによる判断の関与する余地はない。

　こうしたプロセスは新たなテクノロジーの活用を新たなマーケットに求

めている際には適している。ベンチャー企業は顧客のニーズを直接把握しようとする。反対に大企業は、専門のマーケット・リサーチ業者に委託している。プロジェクトの技術的な評価は浅くとも、技術の創造的な活用や他の技術とのリンク、新たな情報への適合の速さなど、こうしたベンチャー企業のプロセスの利点は多い。

　Xeroxからスピンオフされたベンチャー企業はこうしたプロセスを経験している。こうしたベンチャー企業の成功は、参加した技術者の能力によるよりも、外部のベンチャー・キャピタルの評価プロセスにより、曖昧なアイデアを、価値のあるテクノロジーの活用方法に替えていったことによる。こうしたプロセスはXerox内部での技術評価プロセスよりもはるかに効率的なものである。※17

　このように、PARCの成功も失敗も原因は同じである。それはイノベーションのマネジメントである。PARCが成功したのは、クローズド・イノベーションの成功によるものであった。Xerox社内の研究開発による既存のマーケットにおける成功は、チェスに勝つことである。一方、PARCの失敗は、クローズド・イノベーションのプロセスの限界を示すことになった。新たなマーケットにおけるゲームはポーカーである。しかしXeroxは新たな情報に素早く適合する能力がなかった。

　ベンチャー・キャピタルはこうした状況におけるイノベーションのマネジメントに成功した。ベンチャー・キャピタルは新たなアイデアを外部から取り入れることに成功した。大企業内部では手に負えないとされた技術がスピンオフされてくる。こうしたアイデアを取り入れて成長していくベンチャー・キャピタルは、新たなテクノロジー・マネジメントの方法を生み出した。

　変化の激しい時代においては、企業はチェスのみならずポーカーもプレーできなければならない。そのためには、自らの持つアイデアだけでビジネスを続けていくのは困難になってきていることを理解しなければならない。新たなテクノロジーを新たなマーケットで活用する方法を身につけ

なければならない。ポーカーの技術が高まると、ベンチャー・キャピタルやベンチャー企業、スピンオフ企業を見る目も変わるだろう。これらを新たなアイデア、テクノロジーの源泉として活用していかなければならない。

これができない企業はXeroxと同じ運命をたどるだろう。将来性のあるテクノロジーを開発しても、チェスしかプレーできないばかりに、株主に対する利益を生む機会を逃してしまうのである。

脚注

※1 こうした近視眼的な反応は典型的なものであった。James Utterback, *Mastering the Dynamics of Innovation: How Companies Can Seize Opportunities in the Face of Technological Change* (Boston: Harvard Business School Press, 1996).

※2 Jacob Goldman, "Innovation in Large Firms," in *Research on Technological Innovation, Management, and Policy*, vol.2, ed. Richard Rosenbloom (Greenwich, CT:JAI Press, 1985).

※3 D.Smith and R. Alexander, *Fumbling the Future* (New York: William Morrow and Company, 1988). Michael Hiltzik, *Dealers of Lightning* (New York: Harper Collins, 1999).

※4 現在両社ともにXeroxと対等の企業であるが、アップルは1979年に株式を公開したばかりであり、マイクロソフトは1980年当時、ワイオミング州の小さな会社であった。

※5 Henry Chesbrough, "Graceful Exits and Foregone Opportunities: Xerox's Management of Its Technology Spin-off Companies," *Business History Review* 76, no.4(2002).

※6 こうした姿勢は多くの大企業でも共通していた。研究者に対する寛大な措置は優秀な研究者のリクルートにも役立った。

※7 現在も営業している会社は株価の年初と年末の平均。買収等された会社は買収後の会社における割合で示している。

※8 Nathan Rosenberg, *Inside the Black Box: Technology and Economics* (Cambridge, England: Cambridge University Press, 1982), 185.

※9 インテルの創業CEOであるGordon Mooreも、当初IBM向けの8088マイクロプロセッサがその後インテルの基幹商品となるとは想像もしていなかった。Gordon Moore, "Some Personal Perspectives on Research in the Semiconductor Industry," in *Engines of Innovation: U.S. Industrial Research at the End of an Era*, ed. Richard Rosenbloom and William Spencer (Boston: Harvard Business School Press, 1996).

※10 Stefan Thomke, *Experimentation Matters: Unlocking the Potential of New*

　　　 Technologies for Innovation (Boston: Harvard Business School Press, 2003).

※ 11　Nathan Rosenberg, *Exploring the Black Box: Technology, Economics, and History* (Cambridge, England: Cambridge University Press, 1994), 87-88 and 95.

※ 12　James McGroddyとの電話インタビュー(23 July 1999)。

※ 13　John Seely Brownとの電話インタビュー(6 April 1999)。

※ 14　資源配分の近視眼的傾向について、たとえば、Clay Christensen and Joseph Bower, "Customer Power, Strategic Investment, and the Failure of Leading Firms," *Strategic Management Journal* 17, no.3 (1996): 197-218 参照。

※ 15　図表 1 - 3 は Xerox の 1996 年におけるプロセスを示している。これらの 1979 年から 1998 年までの進化を分析した文献として、Chesbrough, "Graceful Exits and Foregone Opportunities"参照。

※ 16　Amar Bhidé, *The Origin and Evolution of New Businesses* (Oxford: Oxford University Press, 2000)。

※ 17　複雑な環境においては、環境に迅速に適合できる企業のほうが、もともと有利な立場にありながら動きの鈍い企業よりも、良い結果を生み出す。Giovanni Gaveti and Dan Levinthal, "Looking Forward and Looking Backward: Cognitive and Experimental Search," *Administrative Science Quarterly* 45 (2000): 113-137.

第 2 章
クローズド・イノベーション・パラダイム

- ■ 知識へのアクセス——思考実験
- ■ イノベーションを取り巻く環境の変化
- ■ 第 2 次世界大戦——科学知識の
  モビリゼーション
  研究と開発の相違
- ■ クローズド・イノベーションの崩壊

クローズド・イノベーションは、これまで多くの企業の研究開発において成功してきた。これは Xerox PARC のマネジメント方法であり、同様の方法が20世紀の大企業の多くで採用されてきた。

クローズド・イノベーションが成功したのは、一定の知識に固執することによるものであり、これは20世紀前半の経済環境に適合したものであった。しかし、21世紀の経済環境には適合しなくなってきている。

■知識へのアクセス──思考実験

思考実験からはじめよう。あなたが20世紀初頭に成功し成長している企業のマネジャーであるとしよう。製品の売れ行きは良く、業界でもリーダーである。しかしこうした状況は長くは続かない。成功を続けるためには製品を改善し将来のマーケットで売れるものを作らなければならない。[※1] そのためにはどうすればよいだろうか。どのようにテクノロジーを活用すればよいだろうか。

まずは、社外の技術水準がどの程度であるか調べなくてはならない。科学技術は19世紀に著しく進歩した（細菌、X線、原子、電気、相対性理論などが研究された）。しかし、研究開発をする方法自体も進歩した。Alfred North Whitehead が語ったように、「19世紀の最も偉大な発明は発明をする方法の発明である」。

しかし、19世紀に偉大な発明が多く行われ、アインシュタインやキュリー、パスツールたちの時代となっていたが、産業界で新技術が活用される例は少なかった。

さらに、当時の考えでは、科学を産業に活用するには、科学者によるサポートはさほど必要ないとされていた。純粋な科学者は、エジソンのように科学の実用化を研究する科学者を邪道と考えていた。[※2]

当時は科学者が科学の商業的な活用に貢献すべきではないとされた。商業化に触れることは、科学の価値や質を危うくすると考えられていた。

Henry Rowland のような「正統派」の科学者は、エジソンのような科学者は科学的な発見プロセスを害しており、能力的には劣るものと考えていた。

当時の科学者は多くの科学的発見についての知識を学んでいたが、それらを現実的な問題の解決に活用することには関心を示していなかった。大学で教えられる内容と、商業的な活用には大きなギャップがあった。また大学では財政的な限界があり、大きな実験はできなかった。

しかし、政府も大きな援助ができなかった。当時の経済規模に対する政府の規模は、今よりもはるかに小さかった。そして、当時、政府は研究開発分野においては、特許制度や度量衡、軍事技術といったものを除いては、大きな役割を果たしてはいなかった。

大学や政府が大きな役割を果たせないとすれば、誰がテクノロジーの進歩を担ったのか？　それは、企業である。企業が研究開発から商業化までの資金を提供した。そして企業内部の「中央研究所」が主たる研究開発の舞台となった。

このような環境では、可能な選択肢は、自分の企業内で必要な技術を開発し、商品化することのみである。外部の科学者に技術の商品化を相談することは困難である。あるいは、新たに設立された企業が既存の企業から必要な技術を提供してもらうことも期待できない。そうであるなら、残るは企業内部に研究所を作るだけだ。

企業内研究所では基礎素材研究、製造工程、最終的な商品化まで多くのテーマを研究し、大学出の優秀な科学者を採用し、終身雇用することが必要である。創造的な研究活動ができるような環境を企業内で作り出す必要があるのだ。[※3] 当時のリーディング産業である化学や石油産業では、こうした方法でイノベーションが行われてきた。

歴史家 Alfred Chandler は、この時期の産業の特徴点として、こうした企業内部の研究所の役割の重要性を挙げている。[※4] こうした企業内部の研究所の役割が非常に大きかったので、充実した研究所を保有している大企

業が「規模の経済（economy of scale）」を発揮して業界を独占した。また、「範囲の経済（economy of scope）」を発揮してその業界における新素材・新製品を生み出すことに成功した。

　このように、20世紀の大企業において、企業内部の「中央研究所」の果たした役割は大きい。中央集権的に管理された研究開発部門は、当時の企業戦略にとって欠くことのできないものである。こうした研究所は、大学やベンチャー企業、政府から独立しており、自己完結的な組織であった。

　20世紀初期のこうした姿は、不毛な大地にいくつかの城が築かれている情景を思い浮かべればよい。[※5] 城は企業内研究所であり、その中ではその企業の製品に関する詳細な研究が行われている。城はそれぞれ独立しており、外部からの訪問客はほとんどない。外部の者は、城の中から生み出される研究成果に驚くのみである。

■イノベーションを取り巻く環境の変化

　20世紀前半においてこうした環境の変化がはじまったのは米国である。ヨーロッパの中央集権的な教育システムと異なり、米国の大学教育は各州が担っている。州立大学は州が資金を拠出しているので、その州の産業のニーズに合った教育を行おうとする。鉱業、農業、工業はこうした大学における技術研究により成り立ってきた。また私立大学は、連邦政府、州政府からも独立した研究を行うことができた。

　当初は、（前述のHenry Rowlandのような）ドイツから輸入された「実用研究は科学の邪道」とする考えが支配的であったが、エジソンのような発明家が、革命的な新製品を出し商業的に成功するに従い、こうした考えは変化してきた。地元産業の要請に応えて、州立大学は地元産業の企業内研究所への人材供給源となった。

　また、南北戦争後、連邦政府は、科学技術研究に力を入れる州立大学に土地を無償提供した。今日のビッグ10とよばれる州立大学はこうした土

地にできた大学である。これらは新興の大学であり、伝統ある Harvard や Yale のように実用研究を毛嫌いせず、素早く実用研究に力を注ぐことができた。

さらに、連邦政府は、Morrill Act とよばれる法律により、農業知識の普及のため、政府出資の研究オフィスを各地に置き、それらのネットワークを設立した。[※6] これにより、交配種や農薬、耕作方法等が改良され、米国の農業生産の効率性は非常に向上した。

■第2次世界大戦――科学知識のモビリゼーション

第2次世界大戦は米国企業にとって、生産性、効率性、イノベーションに注力する時期であった。フランクリン・D・ルーズベルト大統領は、戦時中の原子爆弾や第一号コンピュータ開発を行ったイノベーション・プロセスは平時においても応用されるべきであると考えていた。[※7] 戦争後半の1944年11月17日、ルーズベルトは戦時中の軍事開発拠点である OSRD (Office of Scientific Research and Development) の所長 Vannevar Bush に対して、軍事技術の民間転用、科学者の増加、民間研究の援助についての方針を検討させた。Bush の報告は "Science : The Endless Frontier" と名づけられ、米国の戦後の科学技術政策の基本とされた。

Bush が最も重視したのは、大学における基礎研究への政府援助である。米国では実用研究（たとえば航空機、ラジオ、レーダー）には力を入れていたが、基礎研究はヨーロッパから輸入していることが多かった。しかし、こうした状況では素早い進歩が望めなくなってきた。[※8]

そこで Bush は政府各部門、大学、軍、産業界のネットワークとして、国立研究財団（National Research Foundation）を設立し、この財団に政府は大学の基礎研究を援助する資金を提供した。こうした研究は軍にも産業界のためにも役立った。また、軍や産業界は実用研究に集中することができた。

Bush の中央集権的なネットワークは抵抗にあったが、連邦政府の基礎研究への資金援助は効を奏した。図表2－1に研究開発費用の資金源を示すが、政府の資金援助が急増していることがわかる。これが米国におけるイノベーション・プロセスを特徴づけることになった。特に、1985年まで、政府の資金援助のほうが、産業界の資金よりも多かった。それ以降は産業界の資金が政府を上回っている。

図表2－1 米国における研究開発の資金源

(単位100万ドル)

年	政府	産業界	大学	他の非営利団体	計
1930	248	1,195	210	59	1,712
1940	614	2,077	280	94	3,063
1955	17,977	12,902	453	318	31,650
1960	39,185	20,281	666	538	60,670
1970	53,559	26,944	1,099	894	82,498
1975	49,534	34,543	1,544	1,122	86,743
1980	43,070	37,084	1,810	1,273	83,237
1985	48,022	50,133	2,175	1,469	101,799
1991	63,035	95,030	3,505	3,372	164,942
1995	59,375	102,994	3,816	3,679	169,864
1998	59,083	125,469	4,342	3,717	192,611

出典：Years 1930 and 1940: Vannevar Bush, *Science: The Endless Frontier* (Washington, DC: U.S. Government Printing Office, 1945); years 1955-1985: Richard Nelson, ed., *National Innovation Systems* (Oxford: Oxford University Press, 1993); and years 1991-1998: National Science Foundation, *National Patterns of R&D Resources* (Washington, DC: National Science Foundation, March 1999).

Bush はまた、米国の科学技術政策を成功させるためには、科学者の人数を増やさなければならないと考えていた。そこで議会は公法第346号を可決した。これは「GI権利の章典」として知られており、退役軍人の教育費用を援助する法律である。[※9] 特に、科学的知識のある兵士は、科学分野の高等教育を受けることが奨励された。このように、連邦政府は、科学者の卵たちの教育費用の援助も行ったのである。

こうした連邦政府の資金援助は米国のイノベーション・プロセスにおける大学の役割を大きく向上させた。政府は基礎研究の資金を提供するが、基礎研究をするのは政府の研究所ではなく大学である。大学は軍や産業界

のパートナーとして、Endless Frontier（終わりなき研究）に向かい、軍や社会のニーズに応える役割を担った。また大学は社会に必要な技術者を生み出す源泉となった。

こうした状況の下で、産業界では、企業内の研究所を拡大する動きがみられた。戦前に設立されたベル研究所や GE、DuPont の研究所は大きく拡大された。また IBM の T. J. Watson 研究所や RCA（後に HP）の Sarnoff 研究所、Xerox の PARC などが設立された。

こうした研究所においては、多くの重要な発見がなされた。ベル研究所ではマイクロ波の衛星通信を研究中に、宇宙にある暗黒物質を発見しノーベル賞を受賞した。また IBM の研究者も超電導の発見でノーベル賞を受賞した。また DuPont は多くの化学繊維を発明した。Xerox はトナーを紙の上に電子的に配置するコピー技術を開発し"Fortune 500 社"入りを果たした。

このように企業内研究所による発明は企業に多大な利益をもたらした。AT&T はベル研究所のおかげで次々と新製品を提供できた。IBM は大型コンピュータ業界を独占し、利益を最大化しつつ、競争相手と技術的な差を広げることに成功した。Xerox は最も先進的なコピー機メーカーとしての地位を確立した。

企業内研究所の黄金時代である。そこでは巨額の資金、最新の設備により、最高の人材が長期的な研究開発プロジェクトに取り組んでいた。そこでは「規模の経済」が発揮された。企業内研究所へ大規模な投資を行い得る企業のみが、業界を独占し、巨額の利益を得ることができた。こうした巨額の長期的投資は、業界への参入障壁となった。チェスに勝つためには、長期的な視野でゲームをみなければならないのである。

こうしたイノベーション・プロセスの背後にあるのは、企業内研究所における中央集権的なクローズド・イノベーションである。それは、垂直統合的なプロセスである。新たなことをしようとする場合、企業の内部で素材、生産設備から商品化まで研究する必要があった。研究所と外部との間

は城壁により隔絶されていたので、企業は外部からの助けを受けずに、自分自身で研究開発を行う必要があったのだ。

　当時は、「自ら発明していないもの」(not invented here)には不安があった。自ら発明していないものに対しては、品質やパフォーマンス、適時の部品供給の保証ができないからである。たとえば、IBM は 1960 年代にディスクドライブのヘッドを内製化していたが、これはディスクドライブの重要部品であるヘッドを外部のサプライヤーに依存することは容認できないからであった。IBM は、自ら基本的な部品を開発し、組み立て、システムを設計し、自社工場で製造し、流通させ、サービスを提供し、購入資金まで提供していた。[※10] 同様に Xerox も、コピー機を製造するために、トナー、電球、レンズ、フィーダー、ソーターといった部品も製造していた。Xerox が業界ではリーダーであったので、他社は技術的に遅れており、他社に依存することはできなかった。初期の頃には、Xerox はコピー用紙も自ら製造していた。

　企業内研究所の黄金時代は垂直統合の黄金時代でもあった。それは、必要性(他社が技術的に遅れている)と、必然性(あるビジネスのバリュー・チェーンをすべてコントロールするほうがそのビジネスから多くの利益を得ることができる)によるものであった。

　図表2－2にクローズド・イノベーションによる研究開発のマネジメントを示す。実線は企業ＡとＢの境界線である。アイデアは各企業に流れ込み、マーケット（右）へ向かって流れていく。その間、スクリーニングされる。生き残ったもののみがマーケットに出ることができる。

　図表2－2では、企業ＡとＢがそれぞれ垂直統合されているので、企業の境界線の間には何もないことが示されている。アイデアはいろいろなところに存在するが、企業の境界線内に入らないものは考慮されない。

　このように、すべての研究開発活動は企業内部に閉じて行われているのがクローズド・イノベーションである。企業内部以外に研究開発が行われる場所はなく、企業内を通るしか出口はない。こうした状態では、企業が

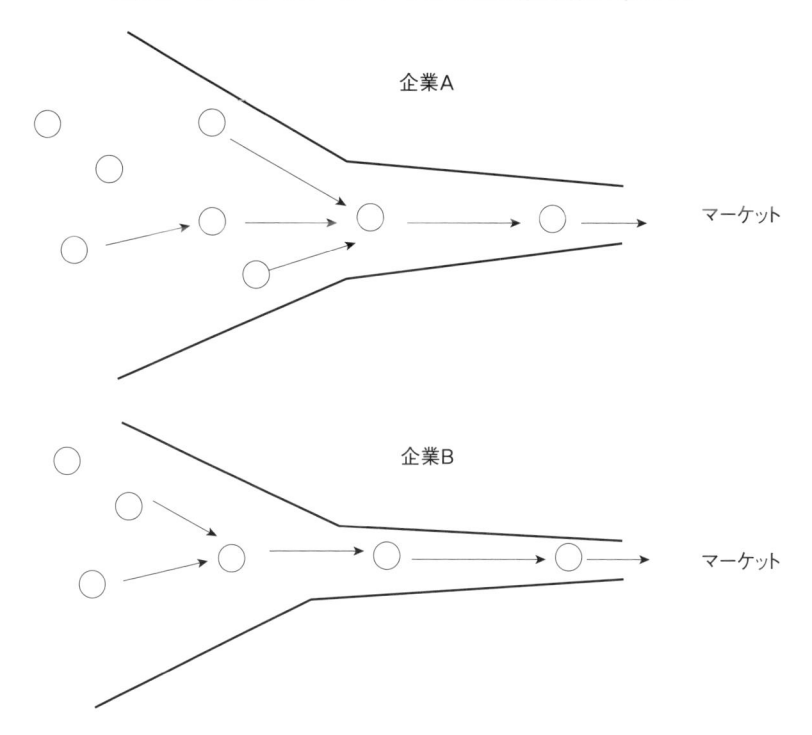

図表2-2 クローズド・イノベーションによる研究開発マネジメント

新たなアイデアを見つけ、マーケットに出し続ける限り、利益を上げることができる。

研究と開発の相違

　当時の研究開発に問題点がなかったわけではない。ひとつの問題点は研究と開発の相違である。
　研究とは、新たなフロンティアにおいて突然湧き起こるアイデア、発見がすべてである。これは予めスケジュールできるようなものではない。また、研究員は高い教育を受けており（多くは博士号を取得している）、企業はこうした研究員に多額の給料を支払い、研究に関して高い自由度を与

えている。しかし、こうした研究員は高度に専門化されているので、ビジネス環境が変わった場合に異なった分野で活用することは困難となる。

多くの企業では、研究員はアイデアを生み出すことに専念し、それを商品化に向けた開発までは担当しない。開発は開発部門で行うのが通常である。

研究部門はコストセンターとされ、マネジャーの目標は予算内に費用が収まることである。またマネジャーは高齢の研究員を早く退職させ、若い研究員を入社させようと努力している。

一方、開発部門では、研究部門のアイデアを、エンジニアが時間と予算の制約の下で商品化に向けた作業を担当する。ここでは、スケジュールが重視される。開発部門のマネジャーは新製品開発において、リスクを最小化するように努める。

開発部門は企業のビジネス・ユニットと位置づけられ、プロフィットセンターとされ独自の損益計算書（P＆L）を管理しているのが通常である。ゆえに、開発部門のアイデアは、研究されたアイデアのうち、よく理解できるもののみを新製品に使用しようとする。よく理解できないアイデアは余分の開発作業が必要となり、部門の利益が減ることになる。また新製品の開発スケジュールを遅らせてしまう。さらに、新たなテクノロジーを既存の複雑なテクノロジーに追加するのも大きな作業が必要となるので、敬遠されがちになる。[11]

このように、研究部門と開発部門は、予算に関して異なった見方をする。研究部門が新たなアイデアを推し進めても、開発部門は予算制約や損失回避のために、新たなアイデアを取り入れるのを避けようとする。

研究部門	開発部門
コストセンター	プロフィットセンター
発見（Why？）	実行（How？）
予見困難	目標必達
スケジュール化困難	スケジュール必達
可能性の創造	リスクの最小化
問題点の認識	制約下での問題点の解決

こうした研究と開発の相違に対して、多くの企業は２つの部門の間にバッファーを置いた。バッファーでは、研究されたアイデアが開発すべきタイミングまで棚上げされた。そのおかげで、研究部門はとりあえず新たなアイデアを提出したことになり、開発部門も容易に開発を遅らせることができた。多くの企業ではこのようにして、バッファーに新たなアイデアが積み上がっていった。

こうした米国の大企業におけるイノベーション・システムにおいては、企業内研究所に大規模投資をすることができる大企業が、大きな利益を上げ、それをさらに研究開発に再投資するといったサイクルを形成していた。企業内のアイデアはバッファー部門に蓄積され、開発プロセスに入るのを調整されていた。

一部の産業で、知的財産保護が強かったり、規制が強い業種では、こうしたクローズド・イノベーションがいまだに行われている。そこでは、ベンチャー企業も少なく、ベンチャー・キャピタルもほとんど投資しない。

しかし、多くの産業では、こうしたクローズド・イノベーションは時代遅れとなっている。これには次のような理由がある。

理由その１：優秀な労働者の増加と流動化

クローズド・イノベーションが時代遅れとなった理由の第一は、優秀な労働者の増加と流動化である。これにはいくつかの原因があるが、ひとつには政府の資金援助により高等教育を受けた退役軍人の数が増加したことによる。

優秀な労働者の増加と流動化により、知識が、企業内研究所のみに保有されている状態から、サプライヤーや顧客、大学、ベンチャー企業、コンサルタントなどにその保有が広がった。知識を保有する者が広がったことにより、新興の企業も知識にアクセスできるようになった。これは知識が大企業に独占されていた時代では考えられなかったことである。

こうした状況で優秀な労働者は、複数の企業のうち最も高い評価をして

くれる企業を選ぶことができるようになった。労働市場の流動化により、ベンチャー企業でも優秀な技術者を雇えるようになった。個人も労働市場でも価値を上げるために自らの教育に多額の投資をするようになった。

こうした労働市場の変化の影響を受けた例として、ハードディスク産業がある。ハードディスク産業ではIBMが最大のシェアを占めており、IBM内部の研究開発により多くの特許を保有していた。

しかし、労働市場の流動化により、エンジニアAl ShugartがIBMを退社しMemorex社に移った。彼はMemorexがIBMコンピュータに接続可能なハードディスクを製造するのを助けた。その後彼はMemorexを退社し、Shugart Associates社を設立し、小型コンピュータ向けの新型ハードディスク（8インチ・ハードディスク）を開発した。さらに彼は別のSeagate社を設立し、パソコン向けの$5\frac{1}{4}$インチ・ハードディスクの開発を行った。

Shugartは転職する毎に、同僚を多く連れて出た。ゆえにShugartの設立した企業では、十分な人材を確保することができた。これらの人材は他社の費用により教育されていた。

Shugartだけが特別なのではなかった。ハードディスク産業に参入した米国ベンチャー企業99社のうち、21社は以前IBMに所属していた者が設立に参画していた。[※12] 図表2－3に1973年から1996年までの間に、ハードディスク産業におけるIBMから独立した従業員の設立したベンチャー企業の系譜を示す。□の企業は1996年現在でもハードディスクを製造している企業であるが、これ以外の多くの企業は廃業しており、2002年には、IBM自体も50年の歴史のあるハードディスク部門を日立に売却している。

米国の移民政策も優秀な人材を国外から引きつけるのに重要な役割を果たした。1998年の国立科学財団（National Science Foundation）の調査によると、マサチューセッツ工科大学（MIT）とスタンフォード大学の博士課程卒業生の50％は非米国人であり、シリコンバレーで働くコンピュー

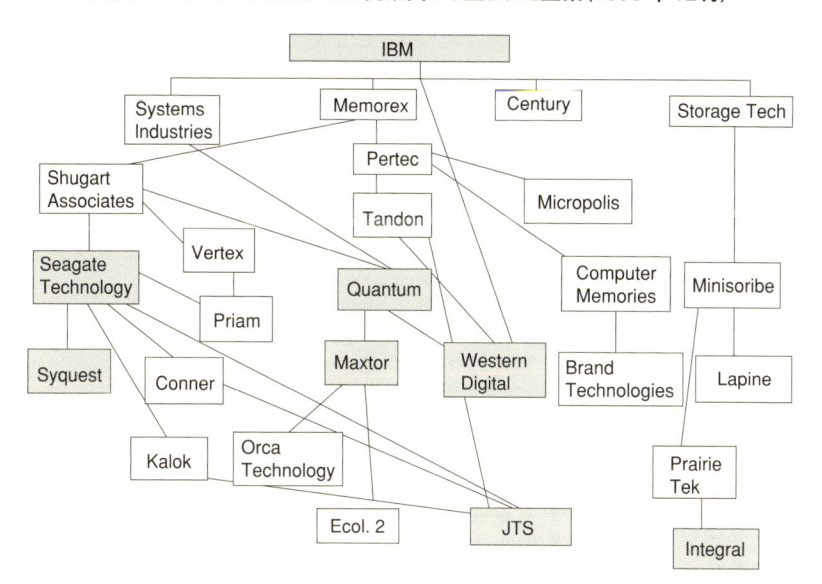

図表2－3　IBMと、元IBM従業員から生まれた企業（1996年12月）

タ技術者の3割は非米国人である。※13　こうした非米国人を雇う米国企業は、彼らを教育してくれた出身国に費用を払ったわけではない。※14

　優秀な外国人の流入と、労働者の高い流動性は米国経済にとって歓迎すべきことであった。優秀な人材により、付加価値の高い商品が開発された。しかし、これは同時に、黄金時代を謳歌していた企業内研究所にとっては大きな問題でもあった。競争相手は、ほとんどコストをかけずに他社が教育してくれた優秀な人材を雇うことができた。ゆえに、大企業は自社内の研究所に投資することを躊躇するようになった。

理由その2：ベンチャー・キャピタルの登場

　1980年までは、米国においてベンチャー・キャピタルはほとんど存在していなかった。大企業から独立したベンチャー企業はみられたが、これらベンチャー企業は資金調達に苦労しなければならなかった。そのおかげで、ベンチャー企業が優秀な人材を雇うのにも苦労が多かった。優秀な人材は

十分な資金のないベンチャー企業に転職することを躊躇した。大企業から人材が何人か転職しても、それが大企業の将来を脅かすことになるとは考えていなかった。

1980年以降、ベンチャー・キャピタルは急拡大した。[※15] 1980年に投資額が7億ドルであったのが、2000年には800億ドルにも増加した（図表2－4）。2001年には360億ドルに減少したが、3年前と比べると増加は大きい。

図表2－4　米国ベンチャー・キャピタルの投資額　1980年－2001年

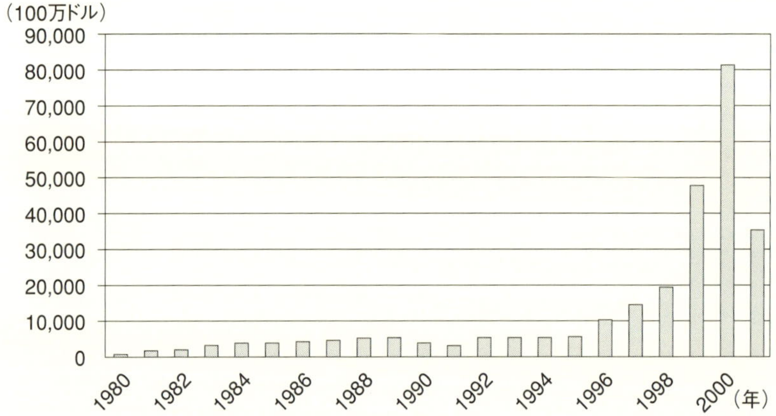

（100万ドル）

出典：Paul Gompers and Josh Lerner, *The Money of Invention* (Boston: Harvard Business School Press, 2001), 72-73; and *Venture Economics for 2001*, <http://www.ventureeconomics.com/vee/news_ve/2002 VEpress/ VEpress02_04_02.htm>.

ベンチャー・キャピタルの発展は、企業内研究所に投資している大企業にとっては脅威となった。研究員たちは、ベンチャー企業からの魅力的なオファーに誘惑されることになった。特に株式市場の高騰により、大企業における豪華な設備や大きな研究の自由をもってしても、ベンチャー企業のオファーするストックオプションの魅力にはかなわないようになってしまった。

理由その3:棚上げされたアイデアの流出

　前述のように、研究部門と開発部門の意識の相違から、一時的に生まれたアイデアを棚上げするバッファー部門がつくられた。これ自体は新しいものではないが、労働者の流動性と、ベンチャー・キャピタルの登場といった時代の流れの中では、開発部門が棚上げを決定したアイデアの発案者は、その決定に満足できず、バッファーに置かれたアイデアとともに企業外部に流出するようになった。

　製品のライフサイクルが短縮化し、社外での開発機会が増えると、企業は生まれたアイデアを処理し新陳代謝するスピードを上げなければならない。さもなければ、顧客は待ってくれないし、競争相手が次々に参入してくる。自社内での開発部門に余裕がなければ、棚上げされたアイデアとともに、失望した従業員は、ベンチャー・キャピタルの資金を得て、社外で商品化しようとする。こうした商品は、大企業がまだ手をつけていない新たな市場向けである場合が多い。

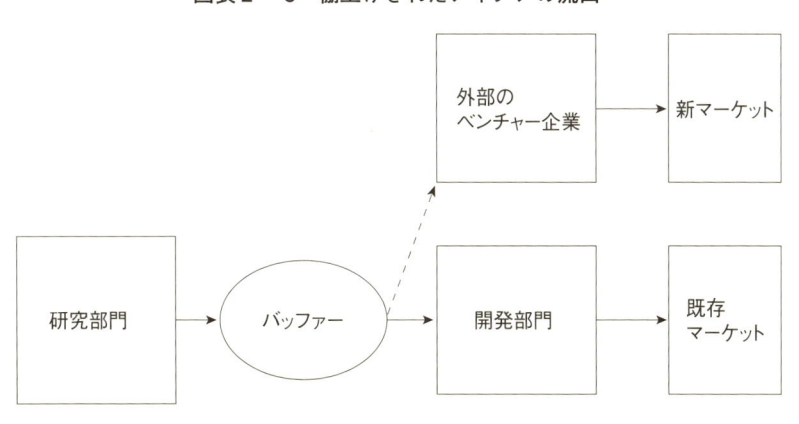

図表2-5　棚上げされたアイデアの流出

研究部門 → バッファー → 開発部門 → 既存マーケット
バッファー ⇢ 外部のベンチャー企業 → 新マーケット

理由その4:外部サプライヤーの増加

　IBMのような大企業が製品のパフォーマンスを上げたいとき、重要な部品を信頼できない外部のサプライヤーに依存することはしなかった。また、

20世紀央において新製品を開発しようとする場合、社外で十分な知識、経験、資金といったものを供給してくれる外部サプライヤーがいないことが多かった。

大学卒労働者の増加や、ベンチャー・キャピタルの増加により、こうした外部サプライヤーが存在するようになった。こうした外部サプライヤーの品質は自社内と同等か、自社内のものを上回るようになってきた。

こうした外部サプライヤーは、大規模な企業内研究所を持つ大企業にとっては両刃の剣である。こうした外部サプライヤーの存在により、大企業は開発のすべてのプロセスを自社内で行う必要がなくなり、新たな製品開発のスピードアップを図ることができる。しかし、一方で、こうした外部サプライヤーは競争相手も利用可能であるから、自社が開発したアイデアをできるだけ棚上げせずに、早く商品化するプレッシャーを企業に与えることになった。

■クローズド・イノベーションの崩壊

このようにして、クローズド・イノベーションにおける研究部門と開発部門は、疎遠な関係となった。自社で開発されないアイデアは、バッファーに棚上げされるのではなく、社外に流出し、他の企業が商品化してしまうのである。

こうして外部に流出し商品化されたアイデアは、また新たな研究の機会を社外に作っていく。このように、閉じた環境において自社内で研究・開発が行われてきたクローズド・イノベーションから、開放的な環境で研究・開発が行われる、オープン・イノベーションへと変化していくのである。

こうしたことにより、知識を取り巻く環境も変化する。これまで大企業の中央研究所が孤城のようにそびえるだけの不毛の地であったのが、多くの知識が一面に広がる情景に変化する。そこでは企業は、顧客、サプライ

ヤー、大学、政府の研究所、コンサルタント、ベンチャー企業などから、知識を得ることができる。企業は、こうした知識の宝庫からアイデアを得、商品化しなければならない。かつてのように、アイデアを棚上げすることは許されない。もし企業がそのアイデアを十分に活用できないならば、他社が商品化してしまうのである。

クローズド・イノベーションに慣れていた企業にとって、こうした状況は脅威と感じるだろう。自社で投資をしてアイデアを研究しても、他社にとられてしまうからである。企業はどのようにして投資をすればよいのだろうか。新たなイノベーション・パラダイムに企業はどのように対処すればよいのか、第3章で検討する。

脚注

- ※1 Edith Penrose, *The Theory of the Growth of the Firm*, 2nd ed. (Oxford: Oxford University Press, 1995), 112-113.
- ※2 David Hounshell, "The Evolution of Industrial Research in the United States," in *Engines of Innovation: U.S. Industrial Research at the End of an Era*, ed. Richard Rosenbloom and William Spencer (Boston: Harvard Business School Press, 1996), 16.
- ※3 David Hounshell and John Kenly Smith, *Science and Corporate Strategy: DuPont R&D, 1902-1980* (Cambridge, England: Cambridge University Press, 1988), 4.
- ※4 Alfred Chandler, *Scale and Scope: The Dynamics of Industrial Capitalism* (Cambridge, MA: Harvard University Press, 1990); Chandler, *The Visible Hand: The Managerial Revolution in American Business* (Cambridge, MA: Harvard University Press, 1977); Chandler, *Strategy and Structure: Chapters in the History of American Industrial Enterprise* (Cambridge, MA: MIT Press, 1962).
- ※5 David Mowery and Nathan Rosenberg, "The U.S. National Innovation System," in *National Innovation Systems*, ed. Richard Nelson (Oxford: Oxford University Press, 1993),37.
- ※6 Mowery and Rosenberg, "The U.S. National Innovation System," in *National Innovation Systems*, ed. Richard Nelson (Oxford: Oxford University Press, 1993),37.
- ※7 Franklin D. Roosevelt, quoted in Vannevar Bush, *Science: The Endless Frontier* (Washington, DC: U.S. Government Printing Office, 1945), xi.

※ **8** Bush, *Science: The Endless Frontier*, 14.

※ **9** Bush, 133.

※ **10** Henry Chesbrough and Clay Christensen, "Technology Markets, Technology Organization, and Appropriating the Returns to Research," working paper 99-115, Harvard Business School, Boston, 1999.

※ **11** Marco Iansiti, *Technology Integration: Making Critical Choices in a Dynamic World* (Boston: Harvard Business School Press, 1998).

※ **12** Henry Chesbrough, "Environmental Influences upon Firm Entry into New Sub-Markets," *Research Policy* (in press).

※ **13** Jae Yong Song, Paul Almeida, and Geraldine Wu, "Mobility of Engineers and Cross Border Knowledge Building: The Technological Catching-Up Case of Korean and Taiwanese Semiconductor Firms," *Comparative Studies of Technological Evolution*, vol.7, *Research on Technological Innovation, Management, and Policy* (Oxford: Elsevier Science, 2001), 59-84.

※ **14** National Science Foundation, *Science Resource Studies: Survey of Graduate Students and Postdocs* (Washington, DC: National Science Foundation, 1998), http://srsstats.sbe.nsf.gov/ (accessed 23 October 2002).

※ **15** Paul Gompers and Josh Lerner, *The Money of Invention: How Venture Capital Creates New Wealth* (Boston: Harvard Business School Press, 2001).

第3章
オープン・イノベーション・パラダイム

- ■ 知識へのアクセス——100年後の思考実験
  - *知識独占の終焉*
  - *新たなイノベーション手法*
- ■ 研究部門の新しい役割——知識創造から知識結合へ
- ■ ベンチャー・キャピタルの新たな役割
- ■ オープン・イノベーションと知的財産権のマネジメント
- ■ 社内の競争——知識の代謝の促進
- ■ 社内における研究開発の発展
- ■ ビジネスの構造をつくる

本章においては、クローズド・イノベーションに代わるパラダイムであるオープン・イノベーションについて検討する。これは、新たな知識環境に適合したパラダイムである。オープン・イノベーションとは、アイデアは社内、社外問わず生まれ、そのアイデアが社内、社外を問わずマーケットに出て行くことを意味する。クローズド・イノベーションのように、社内を通じてしかマーケットに出て行く道がないという状態とは全く異なるものである。

　図表3−1にオープン・イノベーションにより、アイデアがマーケットに出て行く道筋を示す。アイデアは企業A、Bの社内のみならず社外にも存在する。アイデアがマーケットに出て行くのも、企業A、Bを通じてのみではなく、新たな道筋によりマーケットに出て行くことができる。ク

図表3−1　オープン・イノベーションの概念図

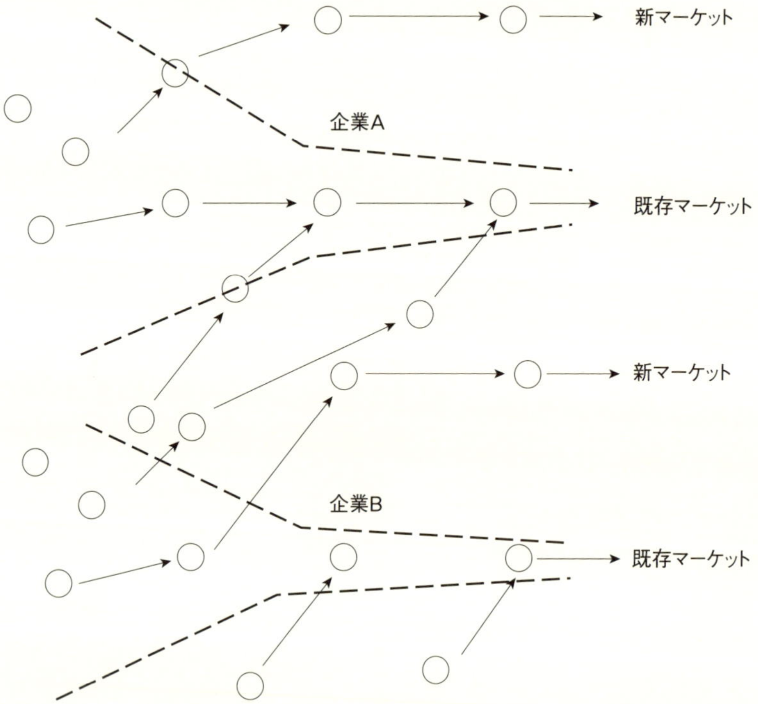

ローズド・イノベーションとは全く異なった知識環境がそこにはある。

■知識へのアクセス——100年後の思考実験

　第2章と同じ思考実験をもう一度してみよう。1900年ではなく2000年にあなたは成功し成長している企業のマネジャーであるとしよう。成功を続けるためには製品を改善し将来のマーケットで売れるものを作らなければならない。そのためにはどうすればよいだろうか。どのようにテクノロジーを活用すればよいだろうか。必要なテクノロジーを開発するために、自社内に研究所を設立するだろうか。

　あなたの企業がどのような知識環境に置かれているかにより、採るべき戦略は異なる。あなたは現在、さまざまなデータベース、低コストで高速なインターネットへのアクセス、オンライン・ジャーナルなどに囲まれており、1900年代に比べて、はるかに容易に低コストでテクノロジーに関する知識にアクセスすることができる。

　大学は優秀な教授、学生にあふれており、昔のように実用科学を厭うことなく、むしろ研究成果のビジネスへの応用に意欲的である。

　政府の基礎研究への補助金は減少傾向にあるが、かわりに企業からの補助金が増えている。大学での研究は昔に比べてより産業界の求めるテーマを採用するようになってきている。[※1]

　こうした傾向は一部の一流大学だけにとどまらない。多くの大学も特定分野における一流の研究成果を発表している。また、米国における大学教育の成功をみて、世界各国の大学もこれに倣おうとしている。インターネットでつながった世界では、それが香港科学大学であれ、シンガポール国立大学であれ、多くの研究者が論文を発表し、グローバルな研究コミュニティを形成するようになってきた。

知識独占の終焉

こうした世界的な知識の広がりは、かつて知識が企業内研究所のみに独占されていた時代の終焉を意味する。そして、クローズド・イノベーション・パラダイムが変化する必要があることを意味する。

知識が広く普及したことを、米国特許庁による特許保有者の統計でみてみよう。図表3－2に、1990年代の特許保有上位20社までを示している。1999年において認められた特許153,492件のうち、上位20社はその11.6%である17,842件を保有している。この間、個人による特許は1970年代では全体の5%であったのが、1992年には20%に増加している。[※2]

1999年に認められた特許153,492件（出願27万件）のうち、海外の企業は45%。最大は日本で20%。1998年における企業の特許保有上位12社のうち日本企業は8社（10,438件）。日本の特許庁における日本企業の割合は90%。日本、米国に比べて、ヨーロッパにおいては自国企業の割合は低い（ドイツ45%、英国29%）。

さらに、企業規模別の研究開発投資額に関する統計をみてみよう。図表3－3に示すとおり、1981年から1999年にかけて、従業員数1,000人未満の企業のシェアが増加している。大企業の研究開発投資は引き続き大きいが、シェアは1999年には41%に低下している。過半数の研究開発投資は、いまや従業員数25,000人未満の企業によるものである。これは、1981年当時、大企業のシェアが7割を超えていたのと比べ大きな変化である。研究開発投資には、規模の経済は働きにくくなっているものと思われる。[※3]

さらに、統計は紹介しないが、大学教育を受けた者、大学院を卒業した者の数は確実に増えている。あまり知られていないが、このように高い教育を受けた労働者が増加していることは、米国の教育政策が成功したことを示しているのである。

また、スタンフォード大学やMITでは、理学や工学の博士号取得者の過半数は海外からの留学生であり、知識が海外にも広がっていることを示

第3章 オープン・イノベーション・パラダイム

図表3-2 米国特許保有上位20社

社 名	1986年以前	特許保有数 1986	1990	1995	1999	合計
1. International Business Machines	9,078	598	609	1,383	2,756	26,342
2. General Electric Company	14,763	714	787	758	699	25,868
3. Hitachi, Ltd.	5,957	731	908	910	1,008	19,055
4. Canon Kabushiki Kaisha	3,067	523	870	1,087	1,795	18,784
5. Toshiba Corporation	3,598	694	893	969	1,200	16,881
6. Eastman Kodak Company	5,780	229	721	772	992	16,032
7. AT&T Corp.	9,213	437	430	638	278	14,837
8. U.S. Philips Corporation	6,519	503	637	504	735	14,575
9. E. I. DuPont de Nemours and Co.	7,560	329	481	441	338	13,735
10. Motorola, Inc.	3,244	334	394	1,102	1,192	13,682
11. Mitsubishi Denki Kabushiki Kaisha	1,619	360	868	973	1,054	13,408
12. Siemens Aktiengesellschaft	6,388	410	508	419	722	13,324
13. NEC Corporation	1,601	234	437	1,005	1,842	12,464
14. Bayer Aktiengesellschaft	6,541	389	499	327	341	12,189
15. Westinghouse Electric Corp.	7,896	398	436	170	11	11,970
16. Matsushita Electric Industrial Co., Ltd	3,193	224	343	854	1,052	11,782
17. U.S. Navy	7,820	216	265	330	348	11,691
18. General Motors Corporation	6,781	294	379	282	275	11,660
19. Xerox Corporation	5,106	219	252	551	665	11,638
20. Fuji Photo Film Co., Ltd.	3,092	448	768	504	539	11,401
上位20社合計					17,842	
全社合計					153,492	

出典: U.S. Patent and Trademark Office, "Technology Assessment and Forecast Report, August 1999,"in *All Technologies Report January 1, 1963 to June 1, 1999* (Washington, DC: USPTO, 1999), B1-B2.

図表3-3　研究開発投資額の企業規模別シェア(%)

企業規模	1981年	1989	1999
1,000人未満	4.4	9.2	22.5
1,000-4,999	6.1	7.6	13.6
5,000-9,999	5.8	5.5	9.0
10,000-24,999	13.1	10.0	13.6
25,000以上	70.7	67.7	41.3

出典：National Science Foundation, Science Resource Studies, "Survey of Industrial Research Development, 1991" (Washington: National Science Foundation) and National Science Foundation, Science Resource Studies, "Research and Development in Industry: 1999," <http://www.nsf.gov/sbe/srs/nsf02312/pdf/secta.pdf> (accessed 9 October 2002).

している。[※4]

　労働者の流動性は高まっているので、かつての終身雇用制に逆戻りすることはないだろう。[※5] 米国内の年金システムも従業員の転職とともに移動可能な仕組みとなっており、転職を容易にしている。ベンチャー・キャピタルは「ドット・コム」バブル期ほど隆盛ではないが、ベンチャー企業にとって欠くことのできない存在であることに変わりはない。[※6]

　企業は、このように至るところに普及した知識を、どのように取り入れればよいのだろうか。第2章で述べたように、相変わらず自社内に研究所を設立すればよいのだろうか。

　答えはノーである。企業内研究所は、企業外部に有用な知識が存在しないことを前提としている。それゆえ、アイデアの研究から開発まですべて自社内で行うという、垂直統合的な考え方に基づいている。しかし、現在は、アイデアは社外に豊富にあり、優秀な労働者も中途でいくらでも採用できる状況になってきている。

　第2章で述べたとおり、かつては「自ら発明していないもの」（not invented here）に対する不信感があった。しかし、現在ではこれは異なった意味を持つ。自社内で開発すれば高コストとなる部品について、他社が低コストで提供してくれるのである。自社ですべての部品を生産する時代ではなくなったのである。

　こうした環境においては、まずは周りにある知識を利用することを考え

なければならない。素早い商品化には、自ら研究開発する分野を最小限とし、外部にある知識を最大限活用することを考えなければならない。研究員は特定分野の研究に特化するのではなく、外部の幅広い知識の調査研究を行い、それらを新商品にどのように統合していくのかを考えなければならない。

それでは、どのようにすれば外部の知識をうまく利用することができるのだろうか。簡単な方法としては、大学教授を夏休みの間雇い入れればよい。大学院の学生を雇えばより安くすむだろう。また大学における研究に資金を出すことも考えられる。こうすることにより、業界における先端分野の研究についての知識を吸収することができるだろう。

また、大学の研究資金の援助をする場合、多くの大学から研究に関する資金援助依頼を受けることになるだろう。資金援助に当たり研究者からの依頼書を審査することは、研究の先端分野を知る良い機会となるだろう。

また、あなたの企業が興味ある分野について、ベンチャー企業と提携することも考えられる。単なる意見交換から、戦略的な提携まで、さまざまなレベルの提携が考えられる。また、ベンチャー・キャピタルに資金を提供し、興味ある分野のベンチャー企業への投資を依頼することもできる。もちろん、直接ベンチャー企業に投資することもできる。

第6章で紹介するように、インテルはこうしたプロセスを実際に行ってきた。インテルは1968年に設立されたまだ若い企業である。しかし、1989年に至るまでは、自社内で研究開発をほとんど行ってこなかった。基本的には社外における研究に依存してきた。インテルは、非常によく考案された大学の研究資金援助プログラムを持ち、年間1億ドル以上を使っている。またインテルはベンチャー企業の活動もサポートし、インフォーマルな提携から、インテル自体がベンチャー・キャピタルとして投資も行っている。

また生命科学分野においてもMillenniumやGenzymeといった企業が同様の活動を行っている。第8章でみるとおり、これらもクローズド・イノベーションから変化してきている。IBMやMerckといった大企業は、ク

ローズド・イノベーションにおいて成功をおさめた企業であるが、最近は自社内での研究開発のみならず、社外の知識にもアクセスする手法を整備してきている。

新たなイノベーション手法

　伝統的な企業内研究所によるイノベーション手法は多くの産業で時代遅れとなったが、これは自社内の研究開発が不要になったことを意味しない。企業は社外にあふれた知識を無視するのではなく、有効に活用できるように、イノベーション手法を変化させる必要があるということだ。[※7]
　また、自社で研究されたアイデアを自社が商品化するのみならず、そのアイデアを社外に出すことによって利益を得る道も考えなければならない。研究部門も新たなアイデアを生み出すことのみならず、社外のアイデアを評価する機能も必要である。知的財産権を自社が研究したアイデアから他社を排除するためのみに用いるのではなく、他社にアイデアを利用させ自社が利益を得るように活用しなければならない。また、外部のベンチャー企業を援助して、必要なアイデアの研究を助けることも考える必要がある。
　これは、自社内の研究開発が不要になったことを意味しない（〈参考〉社内研究開発の新しいあり方 参照）。自社内の研究部門は、外部に豊富な知識環境があることを認識し、研究の成果は自社の既存のマーケットにのみ適用可能と考える必要はない。また、従来はバッファーに長期間棚上げされていたようなアイデアについても、新たなイノベーション手法においては、他社に利用させることにより利益を得ることも考えるべきである。
　自社において必要な知識を、自社のみで研究開発する必要はない。むしろ、社内、社外の知識を有効に活用することにより、新たな商品を生み出し、ビジネスに勝利することができるのである。

〈参考〉　社内研究開発の新しいあり方

　社外に豊富な知識がある中で、社内での研究開発は次のようにあるべきである。
- 社外の知識を見つけ、理解し、選別する。
- 社外の知識では欠けている部分を社内で開発する。
- 社内と社外の知識を統合し、新たなシステムを創造する。
- 社内で有効に活用できない研究成果を社外に出し利益を得る。

　研究には時間がかかるので、ビジネスに必要な知識がタイムリーに生み出されるとは限らない。ビジネス環境はめまぐるしく変化している。新たなイノベーション手法においては、ビジネスに必要な知識には、社内、社外を問わずアクセスすべきである。

■研究部門の新しい役割——知識創造から知識結合へ

　オープン・イノベーションは研究部門の役割も変化させる。研究部門は単に知識創造をするのみならず、知識結合も担当しなければならない。これまでは研究部門は単にアイデアを生み出し貯蔵庫に加えるだけでよかった。しかし、外部の知識環境が発達している現在では、外部の知識も社内で研究されたアイデアと同じくらい価値があることもある。企業内の研究部門は、こうした外部の知識を評価し、外部の知識に足りないところを補うことも、単に新たな知識を生み出すことと同じくらい重要な役割となる。オープン・イノベーションにおいては、外部の知識との接触を増やすような研究員の人事ローテーションにするべきである。

　こうした例としてMerck社をみてみよう。Merckは大規模な自社内研究所を持ち、薬品メーカーとして成功してきた企業である。その2000年の年次報告書において、「Merckは世界の薬品分野における研究開発の1%

のシェアを占めてきたが、残りの99%にアクセスするため、大学や他の研究所へのアクセスを増やす。バイオテクノロジーやヒトゲノムの解明は、企業一社で行うにはあまりに複雑である」と記している。[8]

Merck は社内の研究員に新たな仕事を示した。それぞれの研究分野においてバーチャル研究所を作ることである。このようにして、研究員たちは、自ら研究するのみならず、同じ分野を研究する他の研究所とのネットワークを作った。これにより「単に自社の研究員30人が研究しているだけでなく、世界中の研究者3,000人とともに研究している」状況を作り出した。[9]

Merck のような最先端企業でさえ、外部の研究へのアクセスを検討しているのである。他の企業においてもこれに倣う必要があるだろう。

■ベンチャー・キャピタルの新たな役割

ベンチャー・キャピタルのリターンは2001年から2002年にかけて悪化し、資金もピークの2000年から7割以上減少したが、それでも1998年並みの高水準の資金が提供されている。[10] 最近のリターン悪化でベンチャー・キャピタルも淘汰が進んだが、大手のベンチャー・キャピタルでは何十億ドルもの資金を投資している。

オープン・イノベーションでは、ベンチャー・キャピタルとその資金援助を受けたベンチャー企業を重要な要素と考えている。クローズド・イノベーションにおいては、ベンチャー・キャピタルは海賊のような存在であり忌み嫌われていた。しかしオープン・イノベーションにおいては、これらは利益をもたらす存在として再認識されるに至っている。

人材やテクノロジーを引き抜くベンチャー・キャピタルという存在は、新たなテクノロジーを試みる存在として再認識された。これらは、まだ大企業がアクセスしていないマーケットに対して新たなテクノロジーの組み合わせにより挑戦しようとしている。ベンチャー企業はそれぞれ新たなテクノロジーの研究室である。このようにオープン・イノベーションにおい

ては、ベンチャー・キャピタルの資金を受けたベンチャー企業は、新たなマーケットに対するビジネス機会を研究する道先案内人と認識されている。それらは、実際に顧客に商品を売っているのである。そこから得られる知識・経験は将来のマーケット・リサーチとして貴重な情報を提供してくれる。こうして得られた情報により、企業はテクノロジー戦略を修正することができる。

オープン・イノベーションを追求する企業はもう一歩進んで、ベンチャー企業の設立やサポートを行ったり、提携をしたりする。[※11] 場合によってはベンチャー企業を吸収合併したりする。オープン・イノベーションでは、ベンチャー企業やベンチャー・キャピタルをともにビジネス・コミュニティを形成するパートナーと考えているのである。[※12]

第7章においては、ルーセントがどのようにベンチャー・キャピタルに投資し、自社内のベル研究所に足りないテクノロジーの研究を行うベンチャー企業を創造したかを紹介する。これは次の3通りに、自社内研究所のあり方に影響を与えたと考えられる。

- 自社内で研究されたアイデアについて、社外からマーケットに出る道ができた。これにより、ルーセントとしても投資を回収し新規投資を行うことができた。
- テクノロジーが研究所からマーケットに出るスピードが速くなった。自社内でテクノロジーが活用できないとわかれば、直ちにスピンオフが検討された。
- ベンチャー企業はベル研究所で生み出されたアイデアをマーケットで試す機会となった。これにより、自社内でアイデアが棚上げされている場合と異なり、顧客・マーケットからのフィードバックを受けることができ、迅速な対応をすることができた。

顧客もオープン・イノベーションにおいて重要な役割を果たす。進んでいる顧客は、さまざまな製品の使用法や組み合わせを研究するなど、自らイノベーションを行っている。顧客が試みる製品の使い方は、企業が想像

もつかないことがある。[※13] このように企業は、顧客から重要な情報を得ることができ、こうした情報は将来のイノベーションに活用することができる。

これまでは企業が製品のすべてを研究し尽くしており、顧客はそれを単に購入するだけの位置づけだった。オープン・イノベーションでは、顧客もイノベーション・プロセスに取り込まれているのである。

■オープン・イノベーションと知的財産権のマネジメント

多くの企業においては知的財産権の管理は法務部門が担当している。知的財産権は自社で開発されたアイデアを他社から守るために使われている。オープン・イノベーションにおいては、知的財産権はテクノロジー戦略の重要な要素である。知的財産権は販売対象となるのみならず、購入対象にもなる。

現代においては、新たなアイデアを長期間排他的にコントロールすることは不可能と考えるべきである。知識の普及の速度は速く、新たなアイデアは簡単に模倣されてしまう。

オープン・イノベーションにおいては知識の代謝スピードを速める必要がある。知識は静的なものではなく動的なものとして認識する必要がある。そして、ライセンスを戦略的に活用し、新たなマーケットを創造するのである。

しかし、こうした行動は自分のビジネスに悪影響を与えないだろうか。自社の製品を時代遅れにできるのは自社だけだろうか。そうではない。知識が普及している世界では、誰もがいずれのマーケットにも容易に参入できるのである。ライセンスにより知識を囲い込むことはできないのである。

行動を起こすのが遅れるほうが、早く行動を起こすよりもコストが高い。早く行動を起こして自社のビジネスの利益が多少犠牲になったとしても、行動が遅れてマーケット・シェアや顧客を失い、大きな損失を出すよりは

第3章　オープン・イノベーション・パラダイム

ましである。

　また、企業内部には多少のコストも存在する。研究員は新たな研究のために精一杯の努力をしてきているというのに、それが、ビジネスサイドの判断で開発が差し止めになった場合、次に新たな研究に携わる気にはならないだろう。そのおかげで、マーケット・シェアが減ってしまったとしても、再度挑戦してシェアを奪回する士気は低下してしまっている。研究員は、自分のアイデアを直ちに採用してくれるような企業からの誘いを断れるだろうか。多くの研究員は自分のアイデアが商品化され、マーケットからのフィードバックを期待しているのである。

■社内の競争——知識の代謝の促進

　第2章で述べたとおり、研究部門と開発部門には意識の相違が存在する。オープン・イノベーションでは、これを克服するために、アイデアが社内の開発部門を経ずにマーケットへ出る道、アイデアを社内の研究部門以外から得る道の存在を提示する。
　アイデアを他社にライセンスするには抵抗があったり、社内の開発部門と社外の開発部門を競争させることには抵抗があるだろうが、オープン・イノベーションにとってこうした競争は良いことであると考えられている。社外の開発部門が成功すれば、社内の開発部門も刺激され、動きが速くなることが期待される。[※14]

■社内における研究開発の発展

　オープン・イノベーションは社外のテクノロジーにのみ依存するプロセスではない。社内の研究開発部門には重要な役割がある。新たなシステムの構造を定義することである。構造とは異種の機能を持つ部品を結合することである。テクノロジーが発達するにつれて、さまざまな部品が発明さ

れ、それらを結合する方法も多種多様になる。

　社内の研究開発部門の役割は、こうした部品の新たな結合方法を考案することである。新たなテクノロジーが開発されたとき、その役割や活用方法は曖昧であることが多い。そして、新たなテクノロジーを既存のシステムとどのように結合するのがよいのか、わからない場合が多い。研究開発部門はこうした新たなテクノロジーと既存のシステムの結合方法を考案することが期待されている。[15]

　このような結合方法の考案にまで、社外に依存していると失敗することが多い。テクノロジーの結合方法は企業によって異なっているからである。また、どの企業も、システムの鍵となるコンポーネントをコントロールすることによりシステム全体をコントロールしようとしている。こうした結合方法を他社に考案させることは、システム全体のコントロールを他社に譲り渡すことに等しいのである。

　システムの構造定義を行うためには、システムの全体的な視野からテクノロジーを理解しなければならない。そして新たなテクノロジーが既存のシステム全体に対してどのような影響を与えるのか、といった観点で評価しなければならない。ある部品が他の部品にどのような影響を与え、情報がどのように交換されているのか解明しなければならない。これによりシステム全体が理解できるようになる。

　図表3－4に相互依存型システムを示す。部品A、B、Cがシステムを構成しており、それらは相互に依存している。ひとつの部品を変えると、他の部品にも影響してしまう。

　このようにシステム内の依存関係を理解することは企業のイノベーションを進めるうえで重要なことである。実際のシステムではこうした依存関係が何万にも及ぶ。こうした依存関係をマッピングして新たなテクノロジーの活用を容易にするのは、企業内の研究開発部門の重要な役割である。

　また、システムの構造において部品間の相互依存関係を減らすことも、企業内の研究開発部門のもうひとつの役割である。相互依存関係を減らす

第3章 オープン・イノベーション・パラダイム

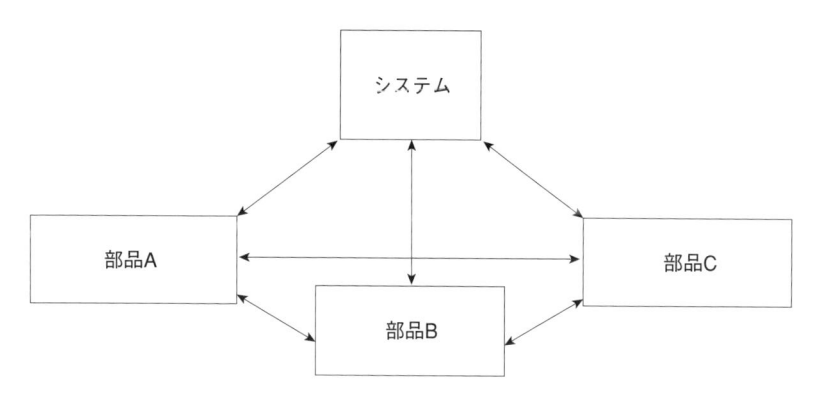

図表3-4　相互依存型システム

```
          システム
         ↗  ↑  ↖
        ↙   ↓   ↘
  部品A ←――――――→ 部品C
     ↘    ↑    ↗
      ↘   ↓   ↙
        部品B
```

と、外部のテクノロジーの活用も容易になる。よくできたシステム構造では、自社の利益を確保できる部分をうまく留保しながら、他のテクノロジーとうまく結合していく。テクノロジーはいかに優れていたとしても、他のシステムと結合しなければ意味がない。劣ったテクノロジーであっても、うまく他のシステムと結合していれば普及するのである。[※16]

テクノロジーが発展すると、システムにおける依存関係も明確になる。そして必要なテクノロジーや、不要なテクノロジーも明確になる。テクノロジーの取引が行われる仲介市場も発達する。昔、垂直統合的に行われた

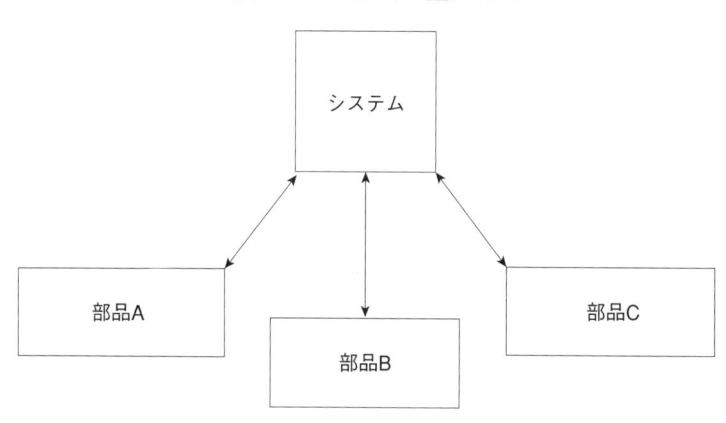

図表3-5　モジュラー型システム

```
          システム
         ↑  ↑  ↑
         ↓  ↓  ↓
  部品A       部品C
           部品B
```

イノベーションは、水平的な競争に進むことになる。[※17]

　図表3－5に部品間の相互依存関係が整理されたモジュラー型システムを示す。このシステムでは、部品A、B、Cを、他の部品に影響することなく交換することができる。企業は部品Aについて、マーケットの競争の中から最適なものを選ぶことができる。モジュラー型システムでは部品は「プラグ＆プレイ」することができる。進んだシステム構造においては、何万もの部品が、このように他の部品への依存関係を考えることなくイノベーションを進めることができるのである。

　オープン・イノベーションを進める企業は、こうしたモジュラー型システムをよく理解し実践する必要がある。かつての垂直統合的なイノベーション手法はいまや企業の重荷になっている。企業は水平的なテクノロジーのマーケットに自らを開放し、必要な部品をマーケットで購入することにより開発コスト、開発期間を節約する必要がある。また、部品を競争相手に供給することも検討するべき時代となってきている。

■ビジネスの構造をつくる

　システム内のテクノロジーの依存関係を知ることは重要なことであるが、それだけではない。企業のイノベーションにとって重要なことは、イノベーションによりどこで価値を創造し利益を獲得するかである。第4章においては、具体的なビジネスモデルについて、どのようにして社内、社外のテクノロジーを結合して価値を創造しているかを紹介する。ここでは外部の企業の活動がイノベーションに重要な役割を果たしているのを見ると同時に、企業自身の活動も重要な役割を果たしていることが理解できるだろう。

脚注

※1　J. Thursby and S. Kemp, "Growth and Productive Efficiency in University Intellectual Property Licensing," *Research Policy* 3, no. 1 (2002): 109-124.

第3章 オープン・イノベーション・パラダイム

※2 Samuel Kortum and Josh Lerner, "What Is Behind the Recent Surge in Patenting?" *Research Policy* 28 (January 1999): 1-22.

※3 かつて中小企業の技術力は低かったが、今日のベンチャー企業の技術力は驚くほど高く、大企業と争って多くの博士号取得者を雇っている。

※4 National Science Foundation, *Science and Engineering Indicators*, NSF/Scientific Resource Study (Washington, DC: National Science Foundation, 1998), <http://www.nsf.gov/sbe/srs/seind98/start.htm> (accessed 23 October 2002).

※5 <http://www.bls.gov/news.release/tenure.nro.htm>, table 1 (accessed 27 September 2002).

※6 VCバブルが崩壊しその投資額が1998年レベルに戻ったとはいえ、ベンチャー・キャピタルは研究開発投資の大きなウエイトを担っている。1999年に世界のベンチャー・キャピタルは480億ドルを米国に投資した(Venture Economics Web site, <http://www.ventureeconomics.com> [accessed 29 October 2001])。一方、1999年の米国企業の研究開発投資は1.6億ドルである(National Science Foundation, <http://www.nsf.gov/sbe/srs//databrf/nsf01326/sdb01326.pdf> [accessed 29 October 2001])。

※7 Richard Rosenbloom and William Spencer, eds., *Engines of Innovation: U.S. Industrial Research at the End of an Era* (Boston: Harvard Business School Press, 1996). . Dean Takahashi, "Sounding the Alarm," Electronic Business (November 2001) 56.

※8 Merck & Co., Annual Report (2000), 8.

※9 前掲書

※10 Venture Economics Web site, <http://www.ventureeconomics.com> で最新のベンチャー・キャピタル投資に関するデータにアクセス可能である。

※11 Henry Chesbrough, "Making Sense of Corporate Venture Capital," *Harvard Business Review*, March 2002, 90-99.

※12 James Moore, *The Death of Competition: Leadership and Strategy in the Age of Business Ecosystems* (New York: HarperBusiness, 1996).

※13 Eric von Hippel, *The Source of Innovation* (New York: Oxford University Press, 1988).

※14 Julian Birkinshaw, "Strategies for Managing Internal Competition," *California Management Review* 44, no.1 (2002): 21-38.

※15 Henry Chesbrough and Clay Christensen, "Technology Markets, Technology Organization, and Appropriating the Returns to Research," working paper 99-115, Harvard Business School, Boston, 1999. Henry Chesbrough and Ken Kusunoki, "The Modularity Trap: Innovation, Technology Phase Shifts and the

Resulting Limits of Virtual Organizations," in *Managing Industrial Knowledge*, ed. I. Nonaka and D. Teece (London: Sage Press, 2001).

※ **16** Michael Cusumano and Annabelle Gawer, *Platform Leadership: How Intel, Microsoft, and Cisco Drive Industry Innovation* (Boston: Harvard Business School Press, 2002).

※ **17** Henry Chesbrough and David Teece, "When Is Virtual Virtuous? Organizing for Innovation," *Harvard Business Review*, January-February 1996 では IBM の PC における経験を分析している。

第4章

ビジネスモデル
社内、社外のイノベーションの結合

- ■ バリュー・プロポジション
- ■ マーケット・セグメント
- ■ バリュー・チェーン
- ■ コスト構造とターゲット・マージン
- ■ バリュー・ネットワーク
- ■ 競争戦略
- ■ ビジネスモデルと経験の役割
  Xerox コピー機モデル914——ビジネスモデルを求めるテクノロジー
  Xerox のビジネスモデルの経験
  PARC テクノロジーの商品化
  3Com
  Adobe
  Metaphor
- ■ オープン・イノベーションのビジネスモデル
- ■ ベンチャー・キャピタル——ビジネスモデルとイノベーションのベンチマーク
- ■ ビジネスモデル——両刃の剣
- ■ テクノロジーに適合した正しいビジネスモデルの追求

すべてのアイデアが現在のビジネスに適合するわけではない。多くのアイデアを価値創造につなげるためには、パラダイム・シフトが必要となる。われわれは、こうした「収益のアーキテクチャ」を明らかにするために、一生懸命に努力しなければならない。

わがXeroxでも、研究成果のバリュー・プロポジションを明確化するといった作業に対する評価は高まり、これはテクノロジーの発見と同じくらい重要なことであるとの理解が進んできた。

—— John Seely Brown

第3章では、オープン・イノベーションとは、社内で研究されたアイデアと社外のアイデアとを結合し、自社の既存ビジネスに他社のビジネスを活用することであると学んだ。企業にとって重要なことは、システム・アーキテクチャにおいて欠けている部分のうち、自社で開発するものは何かを見極めること、また、自社で開発した部品を全体のシステムにどのように結合するかを見極めることである、ということを述べた。

本章ではビジネスモデルについて述べる。ビジネスモデルという用語は、通常、ベンチャー企業が新たなビジネスを創造する際に用いられるが、ここでは、あらゆる企業がテクノロジーのポテンシャルを経済的な価値に変換することをいう。企業は次の3通りの方法で新たなテクノロジーから価値を創造することができる。①既存のビジネスに活用する方法、②他社にライセンスする方法、③新たなビジネス分野にベンチャー企業を設立する方法、である。

ここで重要なことは、テクノロジー単独では何の価値も生まないということである。テクノロジーは商品化されてはじめて価値を生む。商品化の方法が異なれば生み出すリターンも異なる。あるテクノロジーについてのビジネスモデルに自社が精通していれば、商品化は自社で行ったほうが良い場合もあるが、そうでなければ他社にライセンスし他社が商品化を行ったほうが良い場合もある。

しかし、中には非常に新しいテクノロジーなのでビジネスモデルが確立

していない場合もある。その場合、マネジャーは視野を広げて、テクノロジーに適したビジネスモデルを探す必要がある。さもなければ、新たなテクノロジーにより十分な利益を上げることは困難となる。二流のテクノロジーでも一流のビジネスモデルに活用されたほうが、一流のテクノロジーで二流のビジネスモデルに活用された場合に比べ、より多くの利益をもたらすことが多い。

ビジネスモデルという用語はよく用いられるが正確には定義されていない。Richard Rosenbloomと私は、以下のように定義をする。[※1]

ビジネスモデルの役割は次のとおりである。

1. バリュー・プロポジション(value proposition)を明確にすること(テクノロジーに基づいてユーザーに創造される価値を明確にすること)
2. マーケット・セグメント(market segment)を見つけること(テクノロジーが役に立つユーザーを見つけること)
3. 企業のバリュー・チェーン(value chain)の構造を明確化すること
4. 選択したバリュー・プロポジションとバリュー・チェーンに基づき、企業が収益を得るメカニズム(「収益のアーキテクチャ」)を特定し、コスト構造(cost structure)とターゲット・マージン(target margin)を見積もること
5. 企業のポジションを、サプライヤー、顧客、競争相手、補完者(補完材の供給者)を含むバリュー・ネットワーク(value network)の中で確認すること
6. ライバル企業に勝つための競争戦略(competitive strategy)を策定すること

■バリュー・プロポジション

ビジネスモデルは、まず新たなテクノロジーに隠されているバリュー・プロポジションを明確化することが第1ステップである。ここで重要なこ

とは、顧客の立場に立って、顧客にとってどのような点が便利になるかを考えることである。

　この場合、小さな問題と大きな問題を区別するべきである。ここではビタミンと鎮痛剤の喩えでみてみよう。私たちは毎日ビタミンを摂り、ビタミンが体に必要であることを知っている。しかし、ビタミンを摂ることを意識したり、ビタミンが体に必要であることを自覚することはあまりない。一方、鎮痛剤が必要なとき、その必要性を強く自覚する。鎮痛剤がどのように効くか、高い関心を示す。こうしてみると、鎮痛剤のほうが強いバリュー・プロポジションがあるといえる。そのニーズが強く自覚され、その効用の認識が高いからである。

　他の例では、小さなテクノロジーの進歩が、強いバリュー・プロポジションとなる場合がある。日本のメーカーでキヤノンやリコーが、1976年にデスクトップサイズのコピー機を開発した。Xeroxはそのテクノロジーをあざ笑った。こうしたサイズのコピー機では大量のコピーを短時間で作れないからである。またフィーダーやソーター、拡大縮小機能もなかった。Xeroxが見誤ったのは、こうしたサイズのコピー機の次のようなバリュー・プロポジションである。すなわち、コピー室へ行かなくとも、自席の近くでコピーが取れる便利さである。

■マーケット・セグメント

　もちろん、バリュー・プロポジションを明確化するには、ターゲットとなる顧客が明確でなければならない。ビジネスモデルでは、ターゲットとなる顧客のマーケット・セグメントを明確にする必要がある。顧客は、コストを下げたり、問題を解決するための手段として、新たなテクノロジーを評価する。また顧客はそれぞれ異なる評価基準を持つ。Xeroxの顧客である大企業は、中小企業ほどにはキヤノンの小型コピー機を高く評価しないかもしれない。

企業は、テクノロジーを開発するのに、どのような顧客をターゲットにするのか明確にする必要がある。バリュー・プロポジションが明確になり、マーケット・セグメントが明確になれば、何をするべきか(そして何をするべきでないか)明らかになる。企業内のエンジニアにとっても何に注意して活動するべきか明らかになる。これにより、さまざまなトレードオフ(コストとパフォーマンス、<u>重量と馬力</u>など)を解決していくことになる。マーケット・セグメントを明確にしないと、不必要な機能を満載した商品を作り出してしまう。鎮痛剤が必要なところにビタミンを用いてしまうのである。

■バリュー・チェーン

　第3ステップとして、バリュー・チェーンの明確化がある。バリュー・プロポジションが明確になり、ターゲットのマーケット・セグメントが明確になり、提供する商品が明確になれば、バリュー・チェーンを明確化することができる。

　バリュー・チェーンには2つの目的がある。ひとつはチェーン全体で価値を創造し、価値を顧客に提供することである。もうひとつはチェーンから利益を獲得することである。

　価値を創造することは必要なことであるが、それだけでは十分ではない。企業はそこから利益を獲得しなければならないのである。顧客に価値を提供するバリュー・チェーンが明確になれば、次に、企業はそこからどのように利益を得るか考えなければならない。Michael Porterが主張するように、利益をどれだけ得られるかは、企業、顧客、サプライヤー、競争相手の力のバランスにより決まる。[※2] また、別の学者は、自社商品の価値を高めてくれる補完材(complementary)の存在に依存するという。また、社内の生産設備、流通網やブランドも価値創造を助けてくれる。[※3]

■コスト構造とターゲット・マージン

　第4ステップは「収益のアーキテクチャ」を検討するステップとなる。ここでは顧客がいくら払うか、価格をいくらにするか、創造された価値を顧客、サプライヤー、企業がどう分けるか、を検討する。これには多くのやり方がある。取引毎に請求する、ライセンスする、商品は無料で提供しアフターサービスを有料とする、等。

　提供する商品が決まり、バリュー・チェーンの構造が明らかになれば、そのコスト構造も明らかにすることができるだろう。そして、ターゲットとなるマージンも明らかになってくる。ターゲット・マージンによりバリュー・プロポジションを実現するために必要な財務・実物資産が明らかになる。そして、マージンと資産は、新たなテクノロジーを開発することが投資家にとって魅力的なリターンを提供できるかどうかの判断基準を提供することになる。

■バリュー・ネットワーク

　価値創造には、バリュー・チェーン外のサード・パーティも参加する場合がある。これをバリュー・ネットワークとよぶ。[※4] バリュー・ネットワークはイノベーションを商品化するにあたって、サプライヤーや顧客、サード・パーティの間に形成される。強力なバリュー・ネットワークを築くことはテクノロジーの価値を上げることにつながる。逆に、バリュー・ネットワークを築くのに失敗すると、強力なバリュー・ネットワークを持つ競争相手に対して、せっかくのテクノロジーの価値を下げてしまうことになる。

■競争戦略

　ビジネスモデルの最終ステップとして、競争戦略の策定がある。1980年

代のPorterの研究によれば、競争はコストで行われたり、差別化であったり、ニッチであったりするとされる。最近の研究では、競争に勝ち、そのポジションを維持する鍵となるファクターは、重要なリソースへの排他的アクセス、他社にはまねのできない社内の価値創造プロセス、マーケットにおける過去の経験や将来への勢い、といったものが挙げられている。[※5]

■ビジネスモデルと経験の役割

　このように、ビジネスモデルを作るには多くのことを検討しなければならない。しかし、あまり認識されていないことであるが、ビジネスモデルを作るには「経験」も非常に重要な要素である。

　第1章で述べたとおり、企業は、テクノロジーの不確実性と、マーケットの不確実性の双方の中でイノベーションを行わなければならない。そしてマネジャーにとって、新たなテクノロジーを新たなマーケットに結びつけるのは非常に困難な仕事である。単なる技術的な選択や経済的な選択とは大きく異なっている。マネジャーの仕事とは、こうした技術的なインプットを経済的なアウトプットに変換する行為を、テクノロジーの不確実性と、マーケットの不確実性の双方の中で行うことなのである。これは一人の人間でできることではない。こうした役割を果たすのがビジネスモデルである。

　図表4－1に示すとおり、ビジネスモデルは、技術的なインプットと経済的なアウトプットの中間に位置する。企業のテクニカル・マネジャーはテクノロジーのパフォーマンスを上げることにより、顧客の利便性がどのように向上するのか理解していないかもしれないが、特定のターゲットに対するバリュー・プロポジションへの影響は理解できるだろう。マーケティング・マネジャーは顧客がどのような技術志向があるか理解できないかもしれないが、バリュー・プロポジションが向上すれば、高い価格、大きなマーケット・シェア、大きな利益につながることは理解できるだろう。

図表4－1に示すとおり、企業が経済的価値を実現するのは、テクノロジーの選択ではなく、ビジネスモデルの選択に依存するのである。

図表4－1　ビジネスモデルの役割

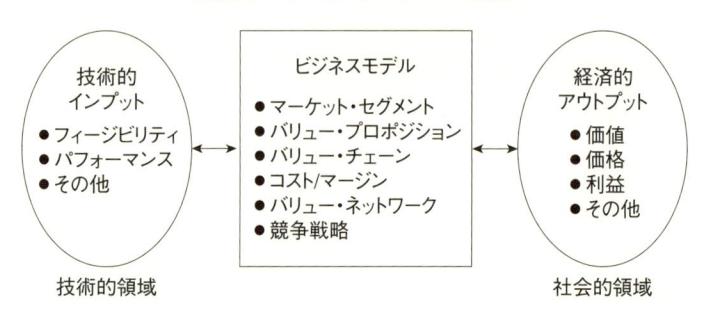

```
   技術的              ビジネスモデル              経済的
  インプット        ●マーケット・セグメント      アウトプット
●フィージビリティ  ●バリュー・プロポジション    ●価値
●パフォーマンス    ●バリュー・チェーン          ●価格
●その他            ●コスト/マージン              ●利益
                    ●バリュー・ネットワーク      ●その他
                    ●競争戦略

   技術的領域                                    社会的領域
```

　ビジネスモデルを構築するために、マネジャーはかなりの複雑さと曖昧さに直面しなければならない。しかし、マネジャーはすべての選択肢を評価することはできない。むしろ、マネジャーは自己の経験に基づき選択肢を限定する。[※6] 特に、既存のビジネスに合う選択肢を残す傾向がある。これは、多くの情報を処理するためにやむをえないことではあるが、マネジャーの判断は、既存のビジネスモデルに合う選択肢のみ残し、新たなビジネスモデルに合うものが外されるといった「経験の罠」に陥ることになる。

　これは「支配的ロジック」（dominant logic）というもう1つの概念にもつながる。[※7] 支配的ロジックとは、企業がどのようにして競争をし利益を上げるかについての企業内での支配的な考え方のことである。これは新入社員用のマニュアルに記載されていることである。支配的ロジックにより、複雑な問題に対する意思決定の方向を示し、新たな問題に直面したときの曖昧さを少なくできる。もちろん、ロジックには異なる考え方も存在する。しかし企業内では、新たな情報が入ってきても異なるロジックは検討されない。新たな情報に支配的ロジックを当てはめようとするのみである。

　支配的ロジックは従業員の行動を統一するために役立つ概念であるが、問題もある。意思決定の選択肢を限定してしまうことである。その結果、

ビジネスモデルは既存のものに限定されてしまうことになり、新たな情報に直面しても、ビジネスモデルを見直すことにはならないのだ。

新たに設立されたベンチャー企業では、いまだビジネスモデルは確立されていない。ベンチャー企業は、今後直面するさまざまな状況を処理するために企業内部でロジックを確立し、企業内に浸透させなければならない。これによりベンチャー企業は規模を拡大していくことができるのである。

大企業ではベンチャー企業のように白紙の状態ではない。新たな状況に対する反応は、既存のビジネスモデルに類似する。現在のビジネスモデルが成功していれば、新たな状況になってもその影響は強い。すなわち、企業の新たなビジネスは、企業の過去の経験に依存するのである。これをXeroxの例でみてみよう。

Xerox コピー機モデル 914 ── ビジネスモデルを求めるテクノロジー

当初のXerox製コピー機「モデル914」は、成功した企業がそのビジネスモデルから抜け出すのがいかに大変かを示す好例である。1950年半ばに、Haloid社の社長Joe Wilsonは、Chester Carlsonに出会った。Carlsonは新たなテクノロジーを開発していた。それは、トナーを紙の上に電子的に配列する技術であった。これはxerographyとよばれた。Carlsonのテクノロジーはきれいなコピーを作れる技術であった。

当時、コピーは湿式か、熱式によるものであった。いずれもコピーの品質は低い技術であった。当時のビジネスモデルは、コピー機による利益と、消耗品による利益の双方を得るもの（安全カミソリ型ビジネスモデル〈カミソリ軸と刃で利益を得る〉とよばれた）であった。コピー機は特別の紙とサプライが必要であった。典型的なコピー機は1台300ドルで売られ、1日当たり15〜20枚のコピーを作っていた。90％のコピー機は月当たり100枚以下しかコピーを作らなかった。

Wilson は xerography によるオフィス用コピー機マーケットの将来性を予測した。そして、試作機を作った。それは、当時の技術とは異なり、熱転写紙を用いず、高い品質のコピーを作ることができた。コピー機の製作費は 2,000 ドルであった。そして、コピー 1 枚当たりの費用は当時のコピー機と変わらなかった。

　これは商品化に当たり問題となった。コピー機の製作費は当時のコピー機よりもはるかに高かった。これでどうすればマーケットに参入できるのだろうか。顧客にどうすればこの新型コピー機を買わせることができるのだろうか。

　Wilson は大手企業にテクノロジーを提供する見返りに、製造、マーケティング力を手に入れようとした。候補は Kodak、General Electric（GE）、IBM であった。IBM はコンサルティング会社 Arthur D. Little（ADL）にマーケット分析を依頼した。

　ADL の分析によれば、xerography によるビジネスモデルは成功しないとされた。なぜなら ADL はバリュー・プロポジションを認識していなかったからである。xerography は多くの点で優れていたが、一部の点では劣っていた。そして、「良い品質を高いコストで」というバリュー・プロポジションは成功するように思われなかった。[※8]

　ADL は当時の業界における支配的ロジックである「安全カミソリ型ビジネスモデル」しか念頭になかった。これはコピー機と消耗品で二度儲けるものであった。アナリストたちは、まず顧客が当時月 100 枚程度しか使わないコピー機にそれだけ高い金額を払うかどうか疑った。[※9] Kodak と GE も同様の結論であった。候補の各社ともに、xerography は経済的価値をもたらすとは思われなかった。

　Haloid は 1959 年 9 月 26 日に、自らモデル 914 の販売に踏み切った。高いコピー機のコストを避けるために異なるビジネスモデルを用いた。コピー機をリースしたのである。顧客はリース費用として月 95 ドルを払えばよいだけとし、毎月 2,000 枚を超えるコピーにのみ 1 枚 4 セントを請求

することとした。Haloid（間もなくXeroxと改名）は必要なサポート、サービスをすべて提供し、リースは15日の事前通告で解約可能とした。

リース方式は安全カミソリ型ビジネスモデルを打ち破り、新たなバリュー・プロポジションを提示した。新たなビジネスモデルでは、ほとんどのリスクをHaloidが負い、顧客は月95ドルを払えばよいだけである（月2,000枚以上コピーしない限りは）。[※10] このビジネスモデルでは、顧客が大量のコピーをしてくれたときにのみ、Haloidが利益を得ることができた。ADLの分析は正しいかもしれない。しかしWilsonはxerographyの潜在的価値に賭けた。そのために別のビジネスモデルを考えたのである。

Wilsonの判断は正しかった。914がオフィスに設置されると、顧客は平均して1日2,000枚以上のコピーをした。顧客はその品質と、湿式や熱式と比較した便利さを評価した。顧客が大量にコピーをしてくれたおかげで、Haloidはリースして2日目から利益を上げることができた。このビジネスモデルはWilsonの予想をはるかに上回り、年間41％の売上げ伸び率を10年以上維持した。年商3,000万ドルのHaloidは年商25億ドルの世界的な大企業Xeroxとなった。このように、IBM、ADL、Kodak、GEが見捨てた機会は、異なるビジネスモデルにより、何十億ドルものビジネス・チャンスとなったのである。

*Xerox*のビジネスモデルの経験

モデル914の成功はXeroxに大きな影響を残した。このビジネスモデルはXeroxの後のコピー機ビジネスに関する支配的ロジックとなった。Xeroxはより速く、より大量のコピーができるコピー機の開発を続けた。一方で、Xeroxは低速のコピー機の開発は行わなかった。Xeroxはコピーが大量にされればされるほど儲かる仕組みであったので、コピー機が低速であれば、儲けが逃げると考えていた。[※11]

Xeroxの独占は突然終わることになった。公正取引委員会により、技術

をライセンスすること、コピー機をリースのみならず販売することが命令された。KodakとIBMは独自の大量・高速コピー機でマーケットのハイエンドに参入した。彼らはXeroxと似通ったビジネスモデルを持っていた。一方で、日本のメーカーもマーケットのローエンドに参入した。彼らは異なる商品戦略を持っており、異なるマーケット・セグメントをターゲットとし、異なるビジネスモデルを持っていた。

1980年代のXeroxのビジネスモデルは図表4－2に要約されている。顧客のターゲットは大企業や政府である。そのバリュー・プロポジションは「高品質で大量、低リース料」であった。Xeroxのバリュー・チェーンでは、独自設計のコピー機を独自の営業部隊を通じて販売し、サービス部隊も独自のものとした。コピー機の販売よりも、サービスとサプライ（トナーと紙）の販売により利益を上げていた。

このビジネスモデルでは第三者とパートナーになる必要はなかった。Xeroxはほとんどの部品、サービスを自社で提供した。第1章で述べたとおり、研究開発も自社で行っていた。流通も自社で行った。顧客へのファイナンスも提供した。紙も自社で機器に最適なものを生産した。もちろん、他社製の紙でもコピー機が動くよう、チェックは行っていた。

図表4－2　Xeroxコピー機と日本メーカーのローエンド・コピー機のビジネスモデル比較

	Xerox	日本メーカー
マーケット・セグメント	大企業、政府	個人、中小企業
バリュー・プロポジション	高品質、低リース料	低価格コピー機、身近にあるコピー機
バリュー・チェーン	コピー機、サプライを自社開発、直接販売	コピー機、カートリッジは自社開発、流通、サービスは他社に委託
コスト、マージン	コピー機から利益小 サプライから利益大	コピー機とカートリッジから利益大（安全カミソリ型モデル）
バリュー・ネットワーク	乾式コピー機を初めて販売、パートナー不要	オフィス用品ディーラーを通じて全国展開
競争戦略	テクノロジーで品質、機器能力で競争に勝つ	低コスト機器、身近なディーラー、サービスが容易

第4章 ビジネスモデル

　この間、日本のメーカーはXeroxのアキレス腱を見つけた。Xeroxの機器は大量コピーをする大企業ではうまくいったが、中小企業や個人にはうまくフィットしていなかった。中小企業や個人はコピー機の価格に敏感であるが、コストを節約するためにはコピーの品質にはさほどこだわらなかった。

　日本メーカーはこのセグメントに異なるビジネスモデルで参入した（図表4－2参照）。[※12] それは専門の技術者でなくてもサービスできるものであった。特に、コピー機で最も故障しやすい部品をカートリッジとして交換可能とした。これにより、かつての「安全カミソリ型ビジネスモデル」が可能となり、コピー機およびカートリッジに高いマージンを課すことができるようになった。また、営業やサービスも他社に委託することにより、直接販売網の構築コストを節約できた。全国販売網の構築も素早くでき、多くの顧客がコピー機を試すことができるようになった。

　日本メーカーの参入はXeroxにとって脅威となった。Xeroxの技術者は非常に優れたコピー機を設計することができた反面、これまで成功した支配的ロジックを捨て、低速で安価なコピー機を設計することは困難であった。直接販売網と委託販売網は対立し、どの場合にどちらが顧客にサービスするか、議論が終わらなかった。Xeroxというコピー機の高級ブランドを、どのようにしてローエンド・マーケットに売り込むべきか、マーケティング担当者は苦慮していた。こうした苦労は10年以上も続いた。2001年になって、Xeroxはマーケットのこのセグメントをあきらめることに決定した。

　Xeroxのビジネスモデルと支配的ロジックの影響は、新たなテクノロジーを新たな分野で商品化する際にも影響した。[※13] かつてモデル914の販売をリードしたPeter McColoughは、1968年にCEOに任命された。1960年末にコピー機の売上げの伸びが鈍化したため、成長を続けるためにはXeroxは新たな分野にビジネスを拡大する必要があった。新たな分野はコンピュータである。しかしXeroxは過去の成功体験に縛られていた。

PARC テクノロジーの商品化

　McColough はコンピュータビジネスに進出するため、1969 年に Scientific Data Systems 社（SDS）を数十億ドルで買収した。これは 1969 年当時、驚くべき買収金額であった。しかし第 1 章で見たとおり、これは失敗に終わった。1970 年、Xerox はコンピュータ技術を研究する Palo Alto Research Center（PARC）を設立し SDS 部門に技術を提供しようとしたが、SDS 部門は崩壊し、1975 年に閉鎖された。

　SDS の失敗にもかかわらず、PARC は成功した。1970 年代は高い自由度と多くの予算により、新たなテクノロジーの開発を行った。初めて商品化に成功した PARC のテクノロジーは 1977 年の高速レーザー・プリンタであった。Xerox のコピー機のビジネスモデルは高速レーザー・プリンタにも適用できた。レーザー・プリンタの技術によりコピー機をより高速にすることができ、Xerox は利益を増やすことができた。Xerox のビジネスモデルはこうした新技術を直ちに利益に繋げることができた。

　同じ年、Xerox は未来のオフィスを志向したビジネスをはじめた。オフィス用品部門がダラスに設立され、電子ワードプロセッサを販売した。これは Xerox の既存のチャネルを通じて、既存の顧客に販売されただけであった。1979 年には Ethernet 技術を用いて、ワープロとプリンタを接続した。1981 年にはオフィス・オートメーションの中枢を担う Star ワークステーションが開発された。Xerox はテクノロジーを別々に提供せず、統合されたシステムとして提供した。

　これは Xerox が PARC で開発されたテクノロジーを用いるビジネスモデルの決まったパターンとなった。Xerox のコンピュータ・システムは、独自のテクノロジーで固められ、サード・パーティのオプションやソフトウェアを必要としなかった。Xerox は当初 Star ワークステーションを 16,995 ドルで販売し、ユーザー 3 人のプリンタ付システムで 10 万ドル以上の価格となった。こうしたシステムは大企業に対して直接販売された。[※14] Xerox は

ワークステーションについてもコピー機と同様のビジネスモデルを用いたのである。

　Xerox のビジネスモデルを IBM のものと比較してみよう（図表 4 − 3 参照）。IBM は初めてマイクロプロセッサを使ったパーソナル・コンピュータ（PC）を販売した。ターゲットは、Star ワークステーションのような大企業だけではなく、個人や中小企業も対象としていた。IBM は個人対象に積極的に広告をし、PC を 2,995 ドルで提供した。そして、Sears、ComputerLand、BusinessLand といった小売店 2,000 店を通じてリテール販売網を整備した。また、よく知られているように、IBM は PC のうち、マイクロプロセッサとオペレーティング・システムをインテルとマイクロソフトにアウトソースした。この判断は、コンピュータ業界の動向を、IBM に不利なように運命づけたが、[※15] ここで重要なことは、IBM はその大型コンピュータで成功したビジネスモデルを PC にそのまま適用しようとはしなかったことである。対照的に、Xerox は PARC のテクノロジーの

図表 4 − 3　Xerox の Star ワークステーションと IBM の PC のビジネスモデル比較（1981 年頃）

	Xerox　Star	IBM　PC
マーケット・セグメント	大企業、政府	大企業、政府、個人、中小企業
バリュー・プロポジション	最高のパフォーマンス、高品質の文書表示・印刷、文書共有	誰でも買える一流メーカーのパーソナル・コンピュータ、サード・パーティのハードウェアやソフトウェアを利用可能、地元小売店で購入可能
バリュー・チェーン	すべてを自社で開発、販売、サービス、ファイナンス	設計のみ内製化、マイクロプロセッサ、OS を外部委託、サード・パーティのハードウェアやソフトウェアを利用可能、直接・間接販売
コスト、マージン	適量を高いマージンで販売	大量に低いマージンで販売
バリュー・ネットワーク	すべて自社	販売ディーラー、サード・パーティ開発業者、マイクロプロセッサや OS の委託業者、IBM PC 互換機の製造業者
競争戦略	技術、パフォーマンスで競争に勝つ	マーケット・シェアで勝つ、PC の設計をコントロール、サード・パーティ開発業者により PC の能力アップ

商品化に当たり、コピー機のビジネスモデルから抜け出せなかった。

　Xeroxは Star ワークステーションのネットワークで高い技術を持っていたが、IBMの PC のビジネスモデルにはかなわなかった。Star のワープロは美しいレーザー印字であり、電子メールも可能で IBM の PC よりはるかに優れた性能があった。しかし、IBM のオープンなシステム構造は、ハードウェアやソフトウェアに関してサード・パーティの参入を容易にし、これが IBM の PC システムの価値を高めた。たとえば、Xerox の Star にはスプレッドシートのソフトウェアがなかった。しかし、IBM の PC はロータス１－２－３がサード・パーティから提供されたため、PC の販売台数が著しく増えた。また同様に PC では dBase というデータベースソフトが使用可能だったが、Star にはデータベースソフトがなかった。

　IBM の PC はハードウェアについてもサード・パーティによって能力が向上した。たとえば、Hercules とよばれる製品は PC のグラフィック能力を向上させ、ロータス１－２－３でグラフが描けるようになった。インテル等の企業は拡張メモリーを販売した。私が所属したことのある Plus Development 社では、容易に拡張できるハードディスクを販売した。Hayes のモデムや 3Com の Ethernet ボード、IRMA の 3270 エミュレータは、PC を他のさまざまなコンピュータと接続可能にした。一方、Star システムは他の Star システムにのみ接続可能であった。

　バリュー・チェーンの違いは流通面でもあった。Star は Xerox 直営の販売店でのみ購入可能であったが、PC は IBM 直営店のほか米国内 2,000 店の小売店で購入可能であった。この流通網は IBM PC 互換機を売りたいメーカーも利用可能であった。しかし、Xerox の販売網をサード・パーティが利用することは困難であった。

　PARC の技術者たちは、こうした競争環境をみて、Xerox はもっとPARC の技術を商品化できるのではないか、Star の独自システムを追求するのはマーケティング戦略の失敗ではないか、と考えるようになった。

　一部の Xerox の技術者たちは、そのアイデアを商品化するために Xerox

を退社した。そして、Xerox のシステム上でそのアイデアを商品化するのではなく、よりオープンなシステムで商品化しようとした。1980 年から 1990 年にかけては、Xerox と、スピンオフされたベンチャー企業で、同時に同じテクノロジーが商品化されることがあった。

　こうした状況では、同じテクノロジーの、異なるビジネスモデルでマーケットを目指す状況を比較することが可能となった。すなわち、Xerox 社内のクローズド・イノベーション・パラダイムと、スピンオフ企業のオープン・イノベーション・パラダイムの比較である。第 1 章では、SynOptics の例について述べたが、ここでは他の例と Xerox のビジネスモデルを比較してみよう。

3Com

　3Com 社は初期の PARC からスピンオフされた企業で成功した例である。Robert Metcalfe は PARC の若手技術者であり、Ethernet の LAN（local area network）技術を開発した。[※16] 1975 年にこの技術は Xerox 社内で用いられ、Xerox の異なる部門のコンピュータやコピー機をネットワークするのに使われた。Ethernet は将来期待できるテクノロジーであるにもかかわらず、Xerox はなかなかそれを商品化しなかったので、1979 年 1 月に Metcalfe は PARC を退職した。彼はその年の 6 月に 3Com を設立した。3Com とは computers, communication, compatibility という意味である。

　彼は資金を得るために Digital Equipment Corporation 社（DEC）のネットワーク・コンサルタントとなった。1980 年に、Metcalfe は Xerox を説得し Ethernet 技術のライセンスを 1,000 ドルで手に入れた（Xerox は重要な特許を 4 件保有していた）。

　Xerox がライセンスしたのは戦略的な選択であった。Xerox は DEC 製のミニ・コンピュータの大量ユーザーであり、Xerox のプリンタやワークステーションと、DEC 製のミニ・コンピュータを接続するテクノロジー

を求めていた。Xerox はライセンスすることにより、Star ワークステーションの販促をすることができた。Metcalfe の努力により、DEC、インテル、Xerox の DIX 連合を作って、Ethernet LAN の業界標準を確立し、Ethernet LAN 技術をオープンにして普及を促した。IBM PC が発表されたのは 1981 年 8 月であった。

DIX 連合ができたことにより、3Com はベンチャー・キャピタルを探しはじめた。ハードウェアの開発をするためであった。当時は PC もワークステーションも普及していなかったので、3Com のビジネスモデルも曖昧なものであった。しかし 1981 年 2 月にベンチャー・キャピタルから 100 万ドルを獲得することができた。

3Com はすぐには成功しなかった。最初の製品はインテル製のチップを使って DEC 製のミニ・コンピュータに Ethernet LAN で接続したものであった。この製品は Unix オペレーティング・システムを用いている科学者向けであった。流通は直接販売か卸売業者経由であった。Ungermann-Bass 社がこのマーケットでリーダーであり、3Com は後塵を拝した。直接販売力が低かったからである。

3Com は IBM PC マーケットで大きな成功をした。Novell オペレーティング・システムに接続している IBM 互換 PC の中に Ethernet アダプタを組み込んだのである。そのバリュー・プロポジションはファイルとレーザー・プリンタの共有を IBM 互換 PC において Ethernet 経由で実現することであった。Ethernet は LAN の中で電子メールも使用可能であり、後に Ethernet 経由でインターネット接続が可能となった。

PC が普及してくると、3Com はワークステーションから PC にシフトした。3Com は 1984 年に上場し、2002 年でもまだ営業している。2001 年末の市場価値は Xerox の 3 分の 1 である。

Xerox が Ethernet を 1,000 ドルでライセンスしたのは失敗だったのだろうか。Xerox がライセンスした当時、Ethernet の将来は全く予測できなかった。Xerox はまた、Star システムをライセンスし、DEC のミニ・コ

ンピュータと接続しやすくしようとしていた。

　Ethernetの価値が上がったのは、XeroxワークステーションやDEC製ミニ・コンピュータ、Unixオペレーティング・システムとは異なるビジネスモデルでテクノロジーが商品化されたからである。新たなビジネスモデルは、Xeroxの独自仕様、独自開発、直接販売といったビジネスモデルとは対照的なものであった（図表4－4）。Ethernetは異なったバリュー・プロポジションを提示した。オープン・テクノロジー・プラットフォーム、サード・パーティの参入、新たな流通経路などである。Xerox社内にEthernetが残っていたならば、3Comのようなビジネスモデルは生まれなかっただろう。

図表4－4　Xeroxとスピンオフ企業のビジネスモデル比較

	Xerox	3Com	Adobe	Metaphor
マーケット・セグメント	大企業、政府	企業PCマーケット	PC、Mac、レーザー・プリンタ市場	企業の知的労働者
バリュー・プロポジション	高品質のコピーを低リース料で	IBM互換機でファイル・プリンタ共有	豊富な文書タイプ	企業内データベースの検索を容易化
バリュー・チェーン	すべてを自社で開発、販売、サービス、ファイナンス	Ethernetプロトコルとボード	レーザー・プリンタのフォントをプリンタ・メーカーやソフトウェア・メーカーに提供	すべてを自社で開発、販売
コスト、マージン	適量を高いマージンで販売	大量、低コスト	高い固定費、低い変動費	高い固定費、高いマージン、低販売量
バリュー・ネットワーク	すべて自社	IEEE802標準を確立、PCに付属して流通	フォントのPostScript標準を確立	サード・パーティ、補完者なし
競争戦略	技術、パフォーマンスで競争に勝つ	標準で競争、新たな流通チャネル	ネットワークの外部性、高い乗り換え費用	技術の使い勝手で競争

Adobe

　AdobeがXeroxからスピンオフされた経緯は3Comと似ている。Adobe

の設立者である Charles Geschke と John Warnock は1983年に PARC を退社し、ページ記述言語 PostScript を商品化した。PostScript により、PC で作られたさまざまなデジタル・フォントがプリンタで使用可能となった。

PostScript の技術は、Geschke と Warnock が Xerox の PARC にいたころの Interpress という、ページ記述言語開発プロジェクトを発展させたものである。Interpress は Xerox ワークステーションが Xerox プリンタを使う場合の専用ページ記述言語である。これは Xerox のビジネスモデルに適したテクノロジーであり、独自仕様の Xerox システムの価値を上げるのに貢献した。しかしテクノロジーの潜在的な力は Xerox システムに閉じ込めておくには惜しいものであった。

PARC において Geschke と Warnock は PARC の長であった Robert Adams と Interpress をオープン言語にすることについて議論した。Adams は強く反対した。Xerox が主要なテクノロジーを他社に提供することにより利益を得られるとは思っていなかったからである。1年もの議論をしても意見の一致をみなかったので、Geschke と Warnock は PARC を退社した。彼らは述懐する。「Xerox ではうまくいかなかっただろう。Xerox は業界標準を確立すると同時に、すべてをコントロールしようとしていたのだ」。[※17]

Xerox のビジネスモデルはテクノロジーを他社にオープンにすることにより利益を得られる構造にはなっていなかった。Adobe が利益を上げたのは、Xerox のビジネスモデルとは異なるビジネスモデルによるのである。しかし、Geschke と Warnock の当初のビジネスモデルも後の Adobe のものとは異なっていた。彼らも Xerox と似たようなビジネスモデルを想定していたようである。しかし、後の状況変化によりビジネスモデルも変えざるをえなくなった。Geschke は述懐する。「当初のわれわれのビジネスモデルは、ハードウェアからソフトウェアまですべてのシステムを提供しようとしていた。しかし、そうすると激しい競争を勝ち抜かねばならなかった。Steve Jobs と Gordon Bell（私の大学院の先生であった）がアドバイス

をくれた。ハードウェアはいらない、ソフトウェアだけ売れ、と。そしてわれわれはビジネスプランを完成することができた」。※18

ハードウェアからソフトウエアまですべてのシステムを販売しサービスするには、直接販売網とサービス網が必要であった。これはXeroxのコピー機と同様のやり方である。しかし、Geschkeの考えでは、こうしたやり方は軌道に乗せるのに時間がかかるし、競争も激しい。フォント技術は大きなシステムの一部でしかない。EthernetがXeroxシステムの一部であったのと同じである。

Adobeは、AppleやIBMといったコンピュータ・メーカーや、キヤノンやHPといったプリンタ・メーカーに対し、フォントをOEM（Original Equipment Manufacturing）で提供することにより、デスクトップ・パブリッシングの世界でバリュー・ネットワークを構築した。Adobeはバリュー・チェーンのうち、フォントをレーザー・プリンタに提供する部分を独占した。PC、プリンタ、ソフトウェア・メーカーが高速なシステムを作れば作るほど、Adobeの提供する価値も高まった。

こうした方式により、Adobeは成功し、1987年に株式公開し、2002年現在でも営業している。2001年末のAdobeの市場価値はXeroxとほぼ同じである。

3Comと同様、Xeroxと大きく異なるビジネスモデルでAdobeは大きな利益を得た。もし、Xeroxと同じようなビジネスモデルを採用していたならば、Adobeの創造した価値は存在していなかっただろう。

Metaphor

3ComとAdobeはXeroxのテクノロジーを用いて、ビジネスモデルのみ変更することにより成功した。対照的に、Metaphorは、XeroxのPARCで開発されたデータベース関連の技術を、Xeroxとほぼ同じビジネスモデルにより展開した。

Metaphorは1982年にDavid LiddleとDonald Massaroにより設立された。Metaphorは大規模データベースの検索を誰にでも容易にできるようにする技術を開発した。この技術により、企業内でこれまでデータベースを用いてこなかったユーザーが、マーケット・リサーチや価格分析といった目的でデータベースを使用できるようになった。それまでは、ユーザーはプログラマーに、大型コンピュータからデータを取り出すプログラムを書いてもらわなければ、データベースの検索ができなかった。しかし、プログラマーは通常多忙なので、なかなかプログラムを書いてもらえず、データベースの検索ができなかった。また、検索できたデータも生のデータであり、使い勝手が悪かった。

　企業内のデータベースの検索を容易にすることは強力なバリュー・プロポジションであった。Metaphorの技術は、プログラマーを介さずに、データベースを速く検索することができ、データ加工も容易に行うことができた。これはPARCのグラフィカル・ユーザー・インターフェイス技術を用いた、初めてのクライアント・サーバー型のシステムであった。

　Metaphorのビジネスモデルは Xerox と類似したものであった。ソフトウェアの開発は独自で行い、独自仕様のハードウェアにソフトウェアを付けて直接販売網により販売した。バリュー・チェーンをすべて自社内におき、外部のバリュー・ネットワークを作らなかった。Liddleによれば、「Metaphor開発当時、業界標準は確立しておらず、すべてを自社で作るしかなかった。また、製品の性格上、一般個人向けではないので、知識のある営業部隊が必要であった」とのことである。[※19]

　しかし、Metaphorの置かれた環境はAdobeとも共通している。1983年にGeschkeとWarnockがPARCを退社したが、その1年前にLiddleとMassaroも退社している。レーザー・プリンタ用のフォントについても、当時、業界標準はなかった。また製品の流通網もなかった。Adobeも当初は全システムを自社で開発するつもりでいた。しかし、GeschkeとWarnockは当初のXerox型のビジネスモデルを進めていれば成功してい

なかったと述懐している。[※20]

　結果的に、Xerox 型ビジネスモデルを進めた Metaphor は、他の PARC からスピンアウトされたテクノロジーほどには成功しなかった。それでも 1991 年まで生き延びて IBM に買収された。財務パフォーマンスは悪く、多くのベンチャー・キャピタルを消費した。IBM の買収価格は公表されていないが、それまで投資されたベンチャー・キャピタルの総額未満だったと推測されている。Metaphor の失敗の原因はいろいろと考えられるだろうが、Adobe との比較では、テクノロジーそのものは同様に優れたものであったが、Metaphor が Xerox 型のビジネスモデルを採用したためであると考えられる。

■オープン・イノベーションのビジネスモデル

　第3章では、オープン・イノベーションを進めようとする企業は、欠けているテクノロジーを補うため、企業内のテクノロジーと外部のテクノロジーを結合する必要があることについて述べた。本章では、マーケット、セールス、サポート、ファイナンスについても外部の力を利用するビジネスモデルを紹介した。そして、マーケット・セグメントの選択、バリュー・プロポジションの明確化は、テクノロジーがどのように開発されるかを決定づける重要なファクターであることを述べた。構築されたバリュー・チェーンは、創造された価値が自社および関係する企業にどのように分配されるかを明らかにするものである。また、マージン構造を明らかにすることは、将来そのマージンを維持できるか、拡大できるのか、明らかにするものであることを述べた。

　こうした状況はテクノロジー担当マネジャーが、ビジネスモデルの開発と実行に果たす役割が大きいことを示している。本章の冒頭で John Seely Brown が述べたように、テクノロジーを価値創造につなげるためには、パラダイム・シフトが必要である。また、既存のビジネスモデルに安住して

はならない。既存のビジネスモデルの枠外の分野に視野を広げることを検討するのも、マネジャーの役割である。

テクノロジー担当マネジャーはまた、他のビジネスモデルで実験することも必要である。これは、テクノロジーを研究室で実験するのと同じくらい重要な仕事である。バリュー・チェーン全体を自社で提供するのもひとつのやり方であるが、その一部に他社を利用することを検討することも必要である。そのためには、顧客からサード・パーティまで、自社をとりまくバリュー・ネットワークのさまざまな要素について理解している必要がある。また営業担当マネジャーも、自社のテクノロジーが外部のデベロッパーに理解され、どのように社会で役に立つのか、常に考えている必要がある。

■ベンチャー・キャピタル——ビジネスモデルとイノベーションのベンチマーク

このようにテクノロジー担当マネジャーの役割は非常に幅広く重要なものとなる。しかし、テクノロジーに適合したビジネスモデルを追求することは、ベンチャー・キャピタルの資金により商品化を検討しているベンチャー企業では日々行われている。[※21] 多くのベンチャー・キャピタルは、投資とは、ビジネスモデルへの投資であると認識している。成功した企業の支配的ロジックによるのではなく、ベンチャー・キャピタルは可能性のあるビジネスモデルを追求し、適合したビジネスモデルを採用することをベンチャー企業に期待している。

ベンチャー企業に投資を決定したとしても、ベンチャー・キャピタルは、当初のビジネスモデルに固執しない。もし適切でないと判断すれば、ベンチャー・キャピタルは投資先ベンチャー企業にビジネスモデルの変更を要請する。そして、新たなビジネスモデルに伴うリスクを追求しやすいよう、ベンチャー企業にインセンティブを与える。そして、更に別のビジネスモ

デルが追求できないか、検討を続ける。

　対照的に、大企業においては、既存のビジネスモデルに固執するあまり、新たなビジネスモデルを追求するといったベンチャー精神が抑えられてしまう。大企業の内部の意思決定プロセスは、既存のビジネスモデルを追求するには適しているが、異なるビジネスモデルを追求するのには適していない。テクノロジーの商品化を既存のビジネスモデル以外で行いたい場合には、企業はベンチャー・キャピタルと提携することも一案である。大企業はベンチャー・キャピタルの意思決定プロセスを理解することにより、更に発展することができる。

■ビジネスモデル――両刃の剣

　ビジネスモデルは企業にとっては両刃の剣である。それは、潜在的な価値を実現するものであるが、成功することにより罠に陥るおそれもある。効率的なビジネスモデルは企業内に支配的ロジックを形成する。そして、以後の機会はそのロジックに従い判断される。Xeroxのモデル914で成功したビジネスモデルは、後の日本企業の攻勢への対応を誤らせた。Xeroxの成功した垂直統合型ビジネスモデルは、その後PARCで開発されたテクノロジーの商品化に大きく影響し、異なるビジネスモデルを創造することを困難にした。

　本章で紹介されたMetaphorを除くスピンオフ企業は、Xeroxのビジネスモデルとは異なるものを採用し、外部の力を利用して成功した例である。これらは、システム全体をコントロールしようとせず、システムの一部をコントロールし、他を外部から調達しようとするビジネスモデルである。

　3ComとAdobeは、Xeroxよりもはるかに少ないリソースしか持たなかったが、外部の力を利用することにより成功をおさめた企業である。そして、それぞれの企業のビジネスモデルは、価値を創造し利益を得るためには、内部のテクノロジーと外部のテクノロジーとがどのように結合すれ

ばよいかを示している。

　こうした中で、Metaphorは失敗した例である。テクノロジー自体は大変魅力的なものであったが、ビジネスモデルの選定を誤った。MetaphorはXeroxのように、他社と協力せずに、すべてを自社で行おうとしたため、失敗に至ったのである。

■テクノロジーに適合した正しいビジネスモデルの追求

　Xeroxは既存のビジネスモデルを追求し、異なるビジネスモデルを追求しなかった。しかし、テクノロジーに適合した正しいビジネスモデルの追求は、企業のマネジャーにとって重要な仕事である。Xeroxではこれはうまくいかなかった。しかし、第5章で見るように、既に成功した大企業であっても、イノベーションに対するアプローチを変化させることができる。IBMは、当初のビジネスモデルとは異なるビジネスモデルを追求している。IBMでも当初は内部における研究開発にすべて依存していたが、現在では多くのサード・パーティを活用している。IBMの例は、多くの企業にとって、オープン・イノベーションにどのように対処すればよいのか、示唆してくれることだろう。

脚注

※1　本章はHenry Chesbrough and Richard Rosenbloom, "The Role of the Business Model in Capturing Value from Innovation," *Industrial and Corporate Change* II, no.3 (2002):529-556によるところが大きい。

※2　Michael Porter, *Competitive Strategy* (New York: Free Press, 1980).

※3　David Teece, "Profiting from Technological Innovation: Implications for Integration, Collaboration, Licensing and Public Policy," *Research Policy* 15 (December 1986): 285-305. Michael Cusumano and Annabelle Gawer, *Platform Leadership: How Intel, Microsoft, and Cisco Drive Industry Innovation* (Boston: Harvard Business School Press, 2002).

※4　Clay Christensen and Richard Rosenbloom, "Explaining the Attacker's Advantage:

Technological Paradigms, Organizational Dynamics, and the Value Network," *Research Policy* 24 (1995):233-257.

※ 5　David Teece, Gary Pisano, and Amy Shuen, "Dynamic Capabilities and Strategic Management," *Strategic Management Journal* 18, no.7 (1997):509-533.

※ 6　James March and Herbert Simon, *Organizations* (New York, 1958). R.Daft and K.Wieck, "Toward a Model of Organizations as Interpretation Systems," *Academy of Management Review* 9 (1984):284-295. Rebecca Henderson and Kim Clark, "Architectural Innovation: The Reconfiguration of Existing Product Technologies and the Failure of Established Firms," *Administrative Science Quarterly* 35 (1990):9-30.

※ 7　C.K. Prahalad and Richard Bettis, "The Dominant Logic: A New Linkage Between Diversity and Performance," *Strategic Management Journal* 7 (November-December 1986):485-511. Mary Tripsas and Giovanni Gavetti, "Capabilities Cognition, and Inertia: Evidence from Digital Imaging," *Strategic Management Journal* 21 (October-November 2000):1147-1163.

※ 8　Arthur D. Little, quoted in "The Role of the Business Model in Capturing Value from Innovation," *Industrial and Corporate Change* II, no. 3 (2002):529-556.

※ 9　前掲

※ 10　David Kearns and David Nadler, *Prophets in the Dark: How Xerox Reinvented Itself and Beat Back the Japanese* (New York: Harper Business, 1992): 34.

※ 11　Kearns and Nadler, *Prophets in the Dark*, 88.

※ 12　Clay Christensen, *The Innovator's Dilemma* (Boston: Harvard Business School Press, 1997).

※ 13　Amar Bhidé, *Origin and Evolution of New Businesses* (Oxford: Oxford University Press, 2000).

※ 14　D. Smith and R. Alexander, *Fumbling the Future* (New York: William Morrow and Company, 1988), 238; M. Hiltzik, *Dealers of Lightning* (New York: Harper Collins, 1999), 366-367.

※ 15　Henry Chesbrough and David Teece, "When Is Virtual Virtuous? Organizing for Innovation," *Harvard Business Review*, January-February 1996, 76-86.

※ 16　Urs Von Burg, "Plumbers of the Internet: The Creation and Evolution of the LAN Industry" (Ph.D. diss., University of St. Gallen, Switzerland, 1999).

※ 17　Edward Smithによる Charles Geschkeとの電話インタビュー(7 April 1999)。

※ 18　前掲

※ 19　David Liddleとの電話インタビュー(16 April 1999)。

※20　Edward SmithによるJohn Warnockとの電話インタビュー(21 April 1999)。

※21　「ビジネスモデル」の用例については、Michael Lewis, *The New New Thing* (New York: Penguin-Putnam, 2000), 256-257参照。

第5章

クローズド・イノベーションから オープン・イノベーションへ
IBMの変遷

- ■ IBMのクローズド・イノベーションによる成功(1945－1980)
- ■ IBMイノベーションの変化（1980－1992）
- ■ ジョイント・プログラム──新たな資金調達メカニズム
- ■ IBMの犠牲
- ■ IBMとインターネット
- ■ バリュー・チェーンのアンバンドリング
- ■ 知的財産権のライセンス
- ■ 顧客から学ぶ──First of a Kindプログラム
- ■ オープン・イノベーションの勝利

大企業に成功をもたらしたクローズド・イノベーションは、外部の力を用いるオープン・イノベーションに変化してきた。若い企業やベンチャー企業は、はじめからクローズド・イノベーションによるアプローチを採用しないことが多いが、問題となるのは、歴史ある大企業がこれまでのクローズド・イノベーションによる考え方をオープン・イノベーションにどのように変化させたかということである。

　IBMはこのような変化を経験した好例である。本章では、IBMの歴史をクローズド・イノベーションとオープン・イノベーションの観点で再整理を試みた。結論から先に述べると、クローズド・イノベーションからオープン・イノベーションへの変化は、ほとんど会社再建に近いものであり、多くの従業員がレイオフされた。しかし、IBMの経験は、クローズド・イノベーションにおいて成功した企業が、犠牲を払いながらも、オープン・イノベーションへの変化を遂げられることを示してくれる。

■IBMのクローズド・イノベーションによる成功（1945 - 1980）

　IBMのコンピュータ産業への影響の大きさは述べるまでもないであろう。第2次世界大戦中のコンピュータの始まりから1980年のPC革命に至るまで、IBMはコンピュータ産業の中心であった。IBMはコンピュータ産業のすべての分野においてリーダーであった。IBMは業界で最大の売上げ、利益、市場価値、研究開発予算、特許件数を誇っていた。文字どおりIBMがコンピュータ産業を支配していた。

　IBMの強みはそのクローズド・イノベーション型ビジネスモデルであった。1945年にIBMは最初のリサーチ・センターをニューヨークのコロンビア大学に隣接して設立した。IBMは研究に関してコロンビア大学と提携も行った。大学教授と研究員は共同で研究を行い、コロンビア大学では米国で初めてのコンピュータの講義が行われた。これは後にコンピュータ・

サイエンスとよばれる分野であった。

　第2次世界大戦後の10年間で、データ処理産業におけるテクノロジーは大きく変化した。電気機械による計算機から、真空管による電子計算機へと進化した。その後、ベル研究所でトランジスタが発明され、真空管は半導体にとって代わられた。

　IBMはこの時期の主要な発明に関与していた。MITのJay Forresterにより発明されたメモリを初めて生産したのはIBMである。また、航空機追跡システムのSageシステムを発明したのもIBMである。[※1] プログラム言語FORTRANやRAMACディスク・ドライブ、磁気テープもIBMの発明である。

　1956年にThomas Watson Jr.が、父からIBMの経営を譲り受けた。Watsonは、テクノロジーの発達に遅れないように、IBMの研究開発能力を増強することを考えた。そのときまでは、コンピュータの主なテクノロジーはIBM以外の企業で発明されていた。IBMの研究能力が他社より劣ったままでは、新たなテクノロジーを支配する他社に負けてしまう可能性があった。IBMが他社に先駆けて新たなテクノロジーを開発できれば、他社にリードすることができると考えた。

　当時においては、研究開発はIBM内部で行われることを意味していた。IBMはニューヨークとチューリヒに研究所を設立した。これはベル研究所を見本にしたものである。IBMは競って、一流大学のPh.D取得者を採用した。研究所は最新の設備を導入し、研究員には大幅な自由を与えた。

　IBMのイノベーション哲学は研究と開発の分離である。研究員が開発に関与すると、目先の問題解決に追われて基礎的な研究ができないと考えていた。たとえば、1961年にはIBMの研究部門はシリコンに代わる物質（ゲルマニウムやガリウム）を研究し、開発部門はシリコンによる半導体製品の開発を行っていた。

　1964年に、IBMは革命的製品であるシステム360を発表した。システム360は、その開発に40億ドルもの投資をした、IBMの社運を賭けた製

品であった。※2 システム360はさまざまな新技術が盛り込まれ、その後の大型コンピュータ（メインフレーム）の基本型となった。またシステム360は高度に垂直統合された製品であった。IBMは主な部品、サブ・システム、周辺機器、オペレーティング・システム、ソフトウェアなど、すべてを提供した。IBMはキーボード、パンチカード、電源機器まで生産した。またIBMはシステム360を直接販売部隊を通じて大企業に販売し、ファイナンスやサポートも自社のネットワークにより提供した。

　IBMがこうした垂直統合型のビジネスモデルを採用したのは偶然ではない。システム360はこれまでとは全く異なるアーキテクチャを採用しており、他社製品やIBMの従来モデルとも異なっていた。これを他社や外部ベンダーに理解させるのは当時としては非常に困難なことであり、必然的に自社ですべてを提供することになったのである。

　システム360は大きな成功となった。IBMの売上げは1963年の28.6億ドルから1973年には110億ドルになり、利益も3.64億ドルから15.8億ドルに伸びた。象徴的なのは、1968年に米国司法省が反独占禁止訴訟をIBMに対して提起したことである。司法省は、IBMがコンピュータ産業を独占していると主張したのである。

　システム360の成功はIBMの研究・開発部門に黄金時代をもたらした。IBMの企業哲学では、その研究員に大幅な自由を認めていた。それが、研究員の知性を最も引き出しうる方法と考えたからである。IBMの研究部門は非常に多くの発明を行い、5つのノーベル賞、6つの国家科学メダルを獲得した。IBMは研究成果による多くの特許も保有しており、これがIBMの企業価値の増加にも貢献した。第3章で述べたとおり、IBMは世界最大の特許保有者となったのである。

　この間、IBMはそのテクノロジーをほとんど他社にライセンスせず、すべてを自社で利用することを好んだ。IBMのビジネスモデルは企業内部での研究開発、主要部品の独占、顧客にとっての高い乗り換えコストであった。IBMがシステムのすべてをコントロールしていることは、顧客にとっ

ても安心感をもたらした。IBMに対する信頼感は顧客にとって重要なバリュー・プロポジションであった。こうした研究開発の成果を独占できるビジネスモデルに基づき、IBMは多額の研究開発投資を続けたのである。

■IBMイノベーションの変化（1980 － 1992）

IBMが大きな成功を続ける中で、変化の兆しが見え始めた。ひとつは、コンピュータ・サイエンスに関する知識が多くの大学で普及してきたことである。これはIBMの成功が原因となっている。前述のようにIBMはコロンビア大学のコンピュータ・サイエンス講座の設置に協力したほか、他の大学においてコンピュータ・サイエンスを講義したり、学会発表を行ったりした。これにより、コンピュータ・サイエンスに関する知識が普及してきたのである。

このような知識の普及に伴い、IBMの独占も変化してきた。製品分野ではIBMの独占が続いていたが、知識の面では独占は崩れた。すなわち、新たなテクノロジーを商品化する知識をIBM以外の企業も持つようになったのである。第2章で述べたとおり、クローズド・イノベーション・パラダイムが変化してきたのである。

大学のコンピュータ・サイエンス学部は、システム360から離れはじめた。彼らはすべてをシステム360に依存する必要はなく、高速な計算をするために独自のソフトウェアや開発ツールを作りはじめた。DECのようなベンチャー企業も、こうした新たなテクノロジーを採用しはじめた。DECはミニ・コンピュータとよばれる製品を大学や企業に提供しはじめた。大学のコンピュータ・サイエンス学部や工学部は、争ってこの新型のミニ・コンピュータを購入した。そうすることにより、計算処理のすべてをメインフレーム・コンピュータに依存する体制から脱却することができたからである。

こうした動きは、2つめの変化を促した。ベンチャー・キャピタルであ

る。DECの市場価値は非常に大きくなり、1966年に株式を公開した後、1980年までに、世界第2位の企業に成長した。DECは最初のベンチャー・キャピタルであるGeorges Dioriotが率いるAmerican Research and Development Corporation（ARD）によってサポートされていた。1957年にARDがDECに投資した7万ドルは、1971年までに3.5億ドルになった。これが他のベンチャー・キャピタルをコンピュータ業界に引きつけた。[※3]

ミニ・コンピュータに参入した他の企業も大きな利益を上げた。Data General、Prime、Wang Laboratories、Datapoint、Four Phase、Pyramid、General Automation、Computer Automationといった企業である。また、これらの企業に投資したベンチャー・キャピタルも大きな利益を上げた。

知識の普及と、ベンチャー・キャピタルの増加は、エンジニアやマネジャーの流動化にも拍車をかけた。IBMで訓練されたエンジニアやマネジャーが、ベンチャー・キャピタルの資金をバックにしたベンチャー企業に引き抜かれるのである。第2章ではディスク・ドライブ産業の例を紹介したが、IBMにおいては、コンピュータ産業のみならず、ハードウェア、テープドライブ、半導体、プリンタやオペレーティング・システム、データベース、プログラム言語、アプリケーションといったソフトウェアでも引き抜きが起こった。

このように、社外における知識の普及、ベンチャー企業の登場、IBM従業員の転職は、IBMのイノベーション・プロセスに大きな影響を与えた。IBMは、研究と既存ビジネスとの強い関連を要求し、製品化をより早く求めるようになった。

■ジョイント・プログラム──新たな資金調達メカニズム

IBMは、研究と既存ビジネスとの強い関連を要求し、製品化をより早く求めるようになったことから、資金調達メカニズムも変化した。[※4] 従来、研

究予算はIBM本部から分配されていた。IBMのビジネス部門にとっては、これは税金のようなものであった。しかし、IBMは第2の資金調達メカニズムを作った。これはジョイント・プログラムとよばれ、各ビジネス部門が直接資金を研究プロジェクトに拠出するものである。

これは、研究プロジェクトとビジネス部門の関係を密にすることを目的としている。研究所の研究員と開発（ビジネス）部門のエンジニアが同じ部屋で仕事をし、プロジェクトの期間中は研究員はビジネス部門から給料をもらうのである。

こうしたジョイント・プログラムにより、IBMの研究員はビジネス部門の直面する問題に真剣に対処するようになった。そこから給料をもらっているからである。またビジネス部門も研究を無コストであるとは考えなくなり、どのような研究プロジェクトに着手するのか、真剣に検討するようになった。[※5]

一方、研究プロジェクトをできるだけ早く製品化することは、IBMにとって困難なことであった。これはIBMの研究員にも原因があった。IBMの研究員には一流大学のPh.D取得者を多数採用していた。しかし高度に教育され専門化しているため、柔軟性に欠けていた。IBMが将来のイノベーションを見通して採用しないと、使い道のない研究員を抱えてしまうことになった。

IBMの伝統である研究と開発の分離も、第2章で述べたような問題を引き起こしていた。シリコン半導体担当のディレクターだったPaul Hornや並列コンピュータ担当マネジャーのAmbuj Goyalによると、ハードウェア、ソフトウェアの両分野において、IBMは、研究と開発の分離により、研究成果を早期に製品化できない葛藤に悩んでいた。[※6]

■IBMの犠牲

1992年までに、IBMは厳しい競争の中に置かれた。ハイエンドのメイ

ンフレーム市場は成熟し、最大のマーケット・シェアを有していても、収入は減少傾向にあった。PC分野では、利益を上げるのに苦労しており、マーケット・シェアでCompaqのような他の専門メーカーに遅れをとっていた。この間、PC分野の利益の多くはインテルとマイクロソフトに吸い取られていた。IBMのワークステーションもサンやHP、DECからの競争に晒されていた。ディスク・ドライブや磁気テープはパフォーマンスで業界をリードしていたが、OEM供給者にシェアを奪われていた。業界最大の研究開発予算を誇るIBMの半導体ビジネスもシェアを奪われていた。ソフトウェアについても、OS/2の例のように不調であった。

　こうした状況の中で、IBMは各分野に注力するために、分野毎に分社化することを検討していた。IBM内における各分野間のシナジーは少なくなってきているが、各分野へのプレッシャーは異なっていた。IBMは大きすぎて意思決定が遅すぎた。分社化は各分野を自由にし、競争に迅速に対応する体制を作ろうとするものであった。

　記憶装置分野では、Systems Industries社の創始者でベンチャー・キャピタリスト、元下院議員のEd Zschauを責任者として雇い入れた。IBMはその分野をAd*Starと命名し、投資銀行に依頼してスピンアウトを検討した。

　1992年末には、IBMは四半期で税引後49.6億ドルという、米国市場最大の損失を計上した。これは、72億ドルのリストラ費用を計上したからである。IBMは過去最大の2万5千人ものレイオフを実施し、終身雇用の歴史に終止符を打った。[*7] IBM社外からルイス・ガースナーがCEOに就任した。社外からCEOが就任したのもIBM史上初めてのことである。

　しかし、ガースナーはIBMを分社化しなかった。多くの部門でリストラを行ったが、IBMを分社化することはなかった。

　ガースナーはIBMを1つにしておくために、IBMのビジョンを策定する必要があった。これまでのIBMは、内向きの組織であった。[*8] ガースナーは今後の支配的ロジックを顧客中心とし、今までのように何でもやる

のではなく、顧客の望むものを、顧客の持つものを活用しながら提供するアプローチに変えることとした。これまでIBMの顧客企業側にいたガースナーは、顧客のニーズを把握していた。顧客はさまざまなテクノロジーをうまく組み合わせて、創造的で効率的なソリューションを求めていたのである。IBMが顧客に優れたソリューションを提供できることは、強力なバリュー・プロポジションとなるだろう。

この新たなロジックはIBMと顧客との関係を強めた。IBM最大の顧客の1つであるCiticorpとIBMの研究部門責任者James McGroddyのミーティングでは、図表5－1のようなバリュー・チェーンが示された。図では、一番下に原料が、次に部品が、さらにコンピュータ、オペレーティング・システム、ソフトウェア、一番上にアプリケーションが示されている。Citicorpは「このバリュー・チェーンの中でIBMはどこを助けてくれるだろうか」と質問した。[※9]

IBMのMcGroddyは、Citicorpのバリュー・チェーンで価値を生み出しているのは真中より上の部分であるが、IBMが投資しているのはバリュー・チェーンの下の部分であることに気づいた。IBMの資源は間違った場所に投入されているのである。

これはIBMのイノベーション・プロセスを変化させた。IBMはこのよ

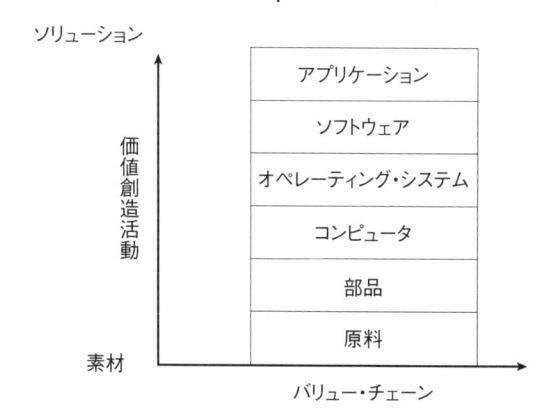

図表5－1　Citicorpのバリュー・チェーン

価値創造活動	
ソリューション	アプリケーション
	ソフトウェア
	オペレーティング・システム
	コンピュータ
	部品
素材	原料

バリュー・チェーン

うにバリュー・チェーンの真中より上の部分で新たな製品を開発することにより、競争に勝つことができることに気づいた。McGroddyの後任のPaul Hornは、IBMの研究部門の方針を変更した。IBMでは原料の研究よりも、コンピュータ・システムを統合的に活用するテクノロジーの研究に重点を置くこととした。

■ IBMとインターネット

　IBMが原料の研究から離れた1990年半ば以降、インターネットが普及してきた。IBMのインターネットに対する戦略はどうだったのだろうか。まず明らかなことは、IBMの研究所からは、インターネットに関するテクノロジーは生み出されていなかったことである。Hornは、NetscapeがブラウザのHTML言語とhttpプロトコルの普及に重要な役割を果たしていると考えていたが、IBMではこれらに関する研究はほとんど行われていなかった。Netscapeは、イリノイ大学内の国家スーパーコンピュータ・アプリケーション・センター（NCSA）の研究を取り入れていた。これはもともと米国政府が資金提供していたプロジェクトである。HTMLとhttpはスイスの物理学研究所でTim Berners-Leeが発明したものである。

　マイクロソフトはインターネットの商業化に積極的であった。マイクロソフトは積極的に大学卒業者を採用し、Netscapeと競合する独自のブラウザの開発に人材を投入した。しかしマイクロソフトはインターネットの分野で独自の研究をほとんどしていなかった。他の企業の研究成果を取り入れ商業化していたのである。

　米国では多くの興味深いプロジェクトが進行中であった。IBMはこうしたプロジェクトに積極的に関与した。関与の形態は、資金提供や、大学との共同研究、大学院生をインターンとして採用することなどであった。しかし、大学にはインターネットに関する学部はなく、伝統的な工学や数学、コンピュータ・サイエンス等があっただけであった。

幾人かのコンサルタントは、ITコンサルタントや、BPR（ビジネス・プロセス・リエンジニアリング）コンサルタントと称するようになった。これらコンサルタントは顧客からITについてアウトソースされたが、実は自分たちではほとんど独自の研究をしておらず、いろいろな企業の製品を組み合わせて提供しているだけであった。いろいろな企業の試行錯誤の結果を取り入れて、コンサルタントとして顧客にITを提供しているのであった。

クローズド・イノベーションの観点からは、こうした状態はカオスである。しかし、IBM社内では、インターネットに対する異なったアプローチが行われ、IBMのイノベーション戦略においてインターネットが鍵となると考えられていた。当時は、まだインターネットのポテンシャルを十分に発揮できていないと考えられていた。[※10]

IBMでは、バリュー・チェーンの真中から上を狙った新たなプロジェクトが進んでいた。Citigroup（Citicorpが改名）は、多種多様な金融商品の増加に苦しんでいた。これら金融商品は必要な金利、通貨等のデータがそれぞれ異なっていた。Citigroupの顧客もそれぞれ異なったポートフォリオを保有していた。ゆえに、顧客のリスクを管理するためには、巨大な情報の中から適切な情報を選び処理する必要があった。また、データは、異なるメーカーのコンピュータ・システム内にあった。IBMはCitigroupとともに、こうしたバラバラなシステムの統合に向けて努力した。

インターネットのポテンシャルを活用した好例としてFederal Express（FedEx）のケースがある。FedExはインターネットのWebサイト上で、荷物のトラッキングができるようにした。ITの活用でコストを削減しながら、顧客の満足度を上げた例である。[※11]

また、製紙会社のサプライ・チェーンを最適化するプロジェクトも行なった。インターネットを用いて、顧客、製紙会社、サプライヤー間で情報交換を容易にするものである。電子文書の交換は昔からあるテクノロジーであったが、標準化されたインターネットを用いることにより、情報

交換が安価で容易にできるようになった。※12

このように、IBMはビジネスをインターネットにシフトした。かつて、IBMはコンピュータを創造し、50年以上もの間、社内の研究所で数々のハードウェアとソフトウェアを作り出してきた。しかし、これからは異なるプロセスが必要である。IBMはインターネットや外部のテクノロジーに目を向けなければならない。また、IBMは、オープンな（自分が独占することができず競争相手が誰でもアクセス可能な）テクノロジーを活用することも必要である。

第4章で述べたように、IBMがイノベーションから価値を得るためには、全く異なるビジネスモデルが必要となった。IBMのターゲットとする顧客セグメントは、従来と同じく、大企業や政府であった。バリュー・プロポジションは完璧なソリューションを提供することであった。しかし、完璧なソリューションを提供するためには、自社のテクノロジーのみに頼れなくなっていた。すべてを自社で開発することはできなかった。効果的なソリューションのためには、外部のテクノロジーであっても、ベストのものを取り入れる必要があった。※13 IBMは第2章で述べた大企業にありがちな、すべてを自社で開発するという哲学を改めなければならなかった。

IBMはオープンなテクノロジーにより顧客に価値をもたらした。これらには、Linux、Javaや前述のHTML、httpも含まれる。ここで注意しなければならないのは、これらオープンなテクノロジーはIBMによってコントロールされていたわけではないということである。これはオープン・イノベーションを理解するのに重要な点である。

IBMはこうしたオープンなテクノロジー自体から利益を得ていたわけではない。さまざまなテクノロジーを顧客のニーズに合わせて統合し、顧客のビジネスを助けることにより利益を得ていたのである。いままでのように垂直統合された製品販売により80％ものマージンを得ていたわけではないが、こうしたやり方による利益はIBMの中でもっとも伸びており、投資収益率（ROI）もクローズド・イノベーション当時のレベルにまで回復

してきている。

　IBM はまた、新たなビジネスモデルにより利益を得ていた。顧客のシステムを管理するビジネスは非常に利益率が高く、またノウハウを別の顧客にも適用できた。こうしてシステム管理能力を売るビジネスモデルを IBM は創造したのである。

■バリュー・チェーンのアンバンドリング

　IBM はビジネスモデルの変化の第2段階を開始した。クローズド・イノベーションの時代はそのテクノロジーを自社のシステムにのみ使用していた。もし IBM 製の部品を買いたいときは、IBM 製品全体を買う以外に手に入れる方法はなかった。当時のビジネスモデルは、IBM のテクノロジーは IBM のシステムでのみ使用され、IBM の販売網でのみ販売され、サポートされ、ファイナンスされるというものであった。

　ガースナーはこうしたやり方を再考させた。1993 年に IBM は初めての OEM 契約をアップル・コンピュータと締結した。この契約では、IBM がその得意とする 2.5 インチハードディスク・ドライブを、アップル・コンピュータのノート・パソコン PowerBook 用に提供することとなった。IBM は自分でも ThinkPad というノート・パソコンを製造販売しこれに 2.5 インチハードディスク・ドライブを搭載していたが、10% 程度の ThinkPad のシェアを拡大するよりも、独占してきた 2.5 インチハードディスク・ドライブを他社に販売するほうが利益を上げやすいと判断したのである。

　IBM はまた、ディスク・ドライブの部品についても新発明を続けた。たとえば、従来のヘッドに比べて 10 倍以上感度の高い「MRヘッド」を開発した。[※14]　これを用いることにより、ドライブの表面により多くの情報を書き込むことができるので、少しのコストの上昇で、ドライブの記憶容量を飛躍的に高めることができた。

　当初 IBM は、この MR ヘッドを自社製の 2.5 インチハードディスク・ド

ライブにのみ使用しており、2.5インチハードディスク・ドライブのシェア拡大に貢献してきた。後にIBMはMRヘッドを他のハードディスク・メーカーに提供することとした。将来、他社のハードディスクにMRヘッドが使用され、IBMの2.5インチハードディスクと競合することになる可能性もあった。しかし、IBMはMRヘッドにおいて、2.5インチハードディスクの業界内シェアよりも高いシェアを獲得することができた。

　クローズド・イノベーションの信奉者からみると、こうしたIBMの行動は理解できないだろう。IBMは新たなテクノロジーの開発のために投資をしてきたのに、それを競争相手に提供しているのである。競争相手はIBMより優れたノート・パソコンやハードディスクを作るかもしれないのである。

　しかし、こうしたクローズド・イノベーション的考えは誤っている。クローズド・イノベーションはIBMがそのテクノロジーを長期間にわたり独占しコントロールできることを前提としている。しかし、こうした独占はテクノロジーに関する知識が普及していない時代でのみ可能であり、知識の普及が進んだ現在では不可能である。

　知識の普及が進んだ現在においては、IBMの判断は正しかった。たとえば半導体製造のために、IBMは毎年莫大な額を投資している。IBMはそこで自社向けに半導体チップを作っているが、最近は他社にチップを提供しているほか、他社の設計する半導体チップの製造も請け負っている。

　自社の半導体製造設備で自社向け製品を製造するのみでは、その能力を十分活用できていないことになる。チップを他社に提供することにより、製造能力を活用でき、チップのマーケット・シェアも獲得することができる。もちろん、IBM製チップを用いるIBM製品と他社製品で差別化は困難にはなる。しかし、固定費用の高い製造装置においては、生産量を増やすことにより全体として低コストにすることができ、それがIBM製品の低コストにつながる。また低コスト化により得られた利益は、新たなテクノロジーの開発のために投資することができる。このような、バリュー・

チェーンのアンバンドリングの状況を図表5-2に示す。

また、IBMが他社にチップを提供することにより、IBM内部にもマーケット・メカニズムを働かせることができる。チップを独占的に使用することはもはやできないので、IBMのビジネス部門は他社とは違う部分で付加価値を生み出す必要があるのである。

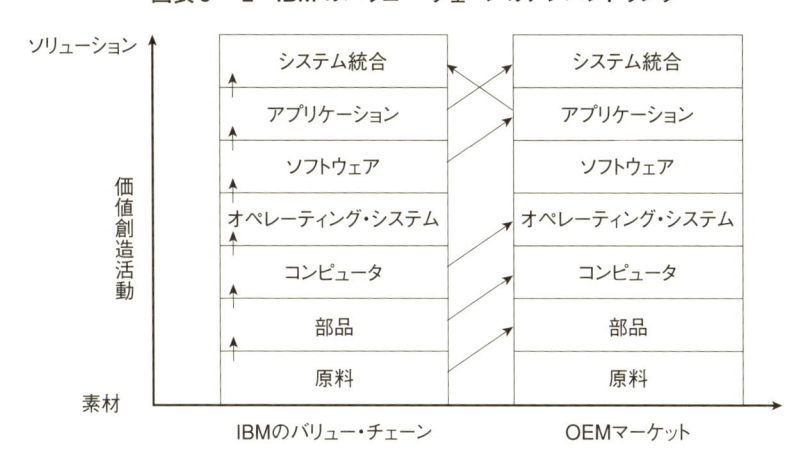

図表5-2　IBMのバリュー・チェーンのアンバンドリング

（縦軸：価値創造活動／ソリューション←→素材、横軸左：IBMのバリュー・チェーン、横軸右：OEMマーケット。各層は上からシステム統合、アプリケーション、ソフトウェア、オペレーティング・システム、コンピュータ、部品、原料）

■知的財産権のライセンス

IBMは、これら以外にもイノベーションにより利益を上げる方法を見つけた。他社のテクノロジーを自社で利用するだけでなく、自社のテクノロジーや知的財産権を他社にライセンスしたり売却するのである。これによる収入は小さくない。IBMは2001年に19億ドルのロイヤリティを受け取っている。同じ年にIBMが基礎研究に使った費用は6億ドルである。

知的財産権のマネジメントについての詳細は第8章で述べるが、ここではIBMにおいて、従来型のクローズド・イノベーションにおける知的財産権のマネジメントとの違いについてみてみよう。もともとIBMは、開発部門の自由度を確保し他社からの訴訟リスクを避けるといった防御的な

立場をとっていた。知的財産権もクロス・ライセンスの形式をとっていた。しかし、現在、IBM は知的財産権に対して攻撃的になり、侵害する企業を訴え、賠償金を請求している。結果的に、IBM の開発部門の自由度は制限されたが、それに見合う以上の利益を他社から得ている。このように、IBM は、時代の変化に合わせて、知的財産権に対するアプローチも、クローズド・イノベーション型からオープン・イノベーション型へと変化させてきたのである。

■顧客から学ぶ——First of a Kind プログラム

　IBM は顧客から学ぶプロセスも作り出した。これは First of a Kind プログラム（FOAK）とよばれる。これは IBM の研究部門と IBM の最先端顧客との契約で、顧客のビジネス上重要な問題解決を請け負うものである。IBM の研究員やスタッフは顧客企業内で長期間にわたり、顧客側スタッフとともに、解決作業に従事する。

　FOAK により、IBM はソリューション・ビジネスを自社ペースで展開し、問題点を早期のうちに発見し、自社の提案するソリューションによって解決することができた。そして、IBM はそのソリューションを他の企業向けに応用したり、その過程で生まれた知的財産権を所有することができた。また IBM の研究員も、顧客企業内で、最先端の問題に接することができた。

　FOAK の結果、IBM は研究部門に対する評価を変更した。IBM は引き続き博士号取得者を採用し、研究員を学会発表や論文などにより評価することに加え、顧客に対して優れたソリューションを提供することによっても評価するようになった。

　IBM は研究員たちの役割を、知識創造者としてのみならず知識のブローカーと考えるようになった。研究担当マネジャーは、担当のビジネス部門マネジャーを割り当てられるようになり、研究部門を代表して、担当のビ

ジネス部門の相談に応じることになった。たとえばe-commerceビジネス部門の担当となった研究担当マネジャーは、e-commerceビジネス部門に対して、自身の研究成果のみならず、他の研究員の研究成果も把握して、ニーズに応える体制になったのである。

こうした体制により、研究担当マネジャーは、担当ビジネス部門のニーズに加え、研究部門における他の研究員の研究内容も把握するようになった。これは従来型の縦割りのアカデミックな研究体制とは大きく異なるものであった。これにより、研究部門の研究成果とビジネス部門のニーズをよりマッチさせることができたのである。

■オープン・イノベーションの勝利

IBMの変遷は、既にクローズド・イノベーションにより成功した大企業においても、更にオープン・イノベーションにおいて勝利することができることを示している。知識の普及が進んだ世界では、新たなアイデアは至るところから生まれる。IBMの研究員が次の研究課題を考えるとき、従来のようにアカデミックな観点ではなく、顧客のニーズをまず第一に考えるようになった。これにより、研究成果とIBMのビジネスモデルとの関係も密接になった。

オープン・イノベーションの世界で勝利するためには、IBMは、競争相手のことを考えるよりも、顧客のニーズを把握し、顧客から学ばなければならない。IBMのインターネットにおける成功も、IBMで役割の拡大した研究員が、マーケットの将来性を何年も前から認識していたからである。このように、IBMは将来の予測能力を向上させ、それに基づいて研究課題を選択することに成功した。またIBMの研究開発部門は外部のテクノロジーと協働することにも成功した。

IBMはオープン・イノベーション・アプローチにより、顧客のバリュー・チェーンに注目するようになった。IBMは外部のテクノロジーを

取り入れ、自社のテクノロジーを他社に提供することにより、自社内にマーケット・メカニズムを導入した。IBMは、"not invented here"の第2の意味を実現した。新たなタイヤを発明するのではなく、他社のタイヤを用いて新たな自動車を発明するのである。

脚注

※ 1　Sageシステムは初期のソ連のミサイル追跡システムであったと同時に、航空機予約システムSABREの原型となった。

※ 2　Emerson Pugh, Lyle Johnson, and Jack Palmer, *IBM's 360 and Early 370 Systems* (Cambridge, MA: MIT Press, 1991).

※ 3　"Isabella's Legacy Is for All the World a Game," *Australian Financial Review*, 27 March 1987, 50.

※ 4　Henry Chesbrough, "Managing IBM Research in Internet Time," Case 9-601-058 (Boston: Harvard Business School, 2000).

※ 5　James McGroddyとの電話インタビュー(23 July 1999)。

※ 6　Paul Horn、Ambuj Goyalとのインタビュー（IBM Research Center, Yorktown, NY, 27-28 July 1999）。

※ 7　*Bloomberg Business News*, 26 January 1993.

※ 8　Steve Lohr, "Gerstner to Step Down as IBM Chief," *New York Times*, 30 January 2002, <http://www.nytimes.com/2002/01/30/technology/30BLUE.html> (accessed 27 September 2002).

※ 9　McGroddyとの電話インタビュー。

※ 10　Goyalとの電話インタビュー。

※ 11　Hornとの電話インタビュー。

※ 12　前掲

※ 13　John Patrick, *Net Attitude* (Cambridge, MA: Perseus Publishing, 2001).

※ 14　Henry Chesbrough and Clay Christensen, "Technology Markets, Technology Organization, and Appropriating the Returns to Research," working paper 99-115, Harvard Business School, Boston, 1999.

第6章
インテルのオープン・イノベーション

- ■ インテルの歴史
- ■ 研究と開発のギャップのマネジメント
- ■ 正確にコピーせよ
- ■ IBMとAT&T──研究開発への伝統的アプローチ
- ■ インテルのイノベーション──新たなアプローチ
- ■ インテルの外部イノベーションへのアクセス
- ■ インテルのイノベーションへのアプローチの評価
- ■ インテル・キャピタル──もう1つの外部イノベーション
- ■ インテル・キャピタルの戦略的役割
- ■ インテル・キャピタルの投資プロセス
- ■ 社内の知識と社外の知識の結合
- ■ 残されたリスク

インテルのイノベーションに対するアプローチは、IBMのものとは大きく異なっている。インテルは、独自のテクノロジーを持たない企業がどのようにしてイノベーションから利益を上げることができるのかについて、良い見本を示してくれる。XeroxのPARCのように、インテルはシリコンバレーで営業している。しかしXeroxとは異なり、インテルは、既に普及した知識とベンチャー・キャピタルに囲まれて、これをうまく利用してきた。インテルは外部のテクノロジーを取り入れ、ベンチャー企業に投資することにより、インテルのマーケットを拡大する戦略を採用した。

■インテルの歴史

2001年において、インテルは世界最大の半導体メーカーの1つである。収入は265億ドルで、8万3千人以上の従業員が世界80カ国以上で働いている。企業規模に比べてインテルは若い。Gordon MooreとRobert Noyceが創立したのは1968年である。すぐにAndrew Groveも加わった。この3人の創立者は半導体業界のベテランであり、Fairchild Camera and Instrument社の半導体部門で同僚であった。3人は同社の半導体ビジネスのやり方に不満があり退社した。

インテルは創立後すぐに成功した。最初のヒット商品はDRAM (dynamic random access memory) チップであった。1970年代に入ると、インテルは最初のマイクロプロセッサ4004を発明した。その後インテルはさまざまな半導体製品を作ったが、特にマイクロプロセッサはインテルの主要製品となった。最も大きな成功は1980年にIBMがそのPCのマイクロプロセッサにインテル8088を選んだときである。その後IBMのPCが成長するにつれて、インテルX86マイクロプロセッサ（インテル8088や8086の総称）も成長し、デファクト・スタンダードになった。インテルはマージンの薄いDRAMから撤退することを決めた。[※1]

インテルはいろいろな製品への多角化を検討したが、やはりマイクロプ

ロセッサが主力製品であった。1990年代にインテルは強力なブランドキャンペーンを打ち出した。マイクロプロセッサで地位を確立していたが、互換製品を製造するAMD（Advanced Micro Devices）やCyrixとの競争に直面していた。またインテルは異なる構造のマイクロプロセッサである、Sun MicrosystemsのSPARCや、IBM、Apple、MotorolaのPowerPC、DECのAlphaとの競争にも直面していた。

インテルはイノベーションの力でこうした競争に立ち向かった。2001年にマイクロプロセッサはインテルの収入の81%を占めていた。これによりインテルの市場価値は2001年末に2,200億ドルになっていた。

インテルの成功で特徴的なのは、インテルは自社で基礎研究を行っていないことである。Mooreの法則により、チップの集積力は18カ月毎に2倍になるといわれているが、インテルはこうした業界で他社の研究に依存しながら成長してきた。インテルはオープン・イノベーションにより成功してきたのである。

■研究と開発のギャップのマネジメント

半導体産業は、ベル研究所でゲルマニウム・トランジスタが発明されると同時に誕生した。しかし、はじめてシリコン・トランジスタを製品化したのは、ベル研究所を持つAT&Tではなく、石油会社のTexas Instrumentsであった。その後、集積回路を作るテクノロジーが、航空測量会社のFairchild Camera and Instrumentで開発された。しかし、半導体産業では、テクノロジーを発明した者が、それを初めに製品化し利益を上げるとは限らなかった。[※2]

その理由は、新たな発明を製品化するには長い時間がかかるからである。MooreとNoyceがFairchildにいたころは、研究部門は600人の規模であり、開発・製造部門から完全に独立していた。「研究所と工場は5マイルしか離れていなかったが、5,000マイルも離れているように感じられた」

（インテルの創立時の従業員 Paolo Gargini）。[※3] Fairchild の MOS（metal oxide semiconductor）テクノロジーは、1961年から研究が開始されたが、1968年になっても製品化ができていなかった。この間、既に、Fairchild からスピンオフされた企業は製品化に成功していたのである。

　Moore と Noyce によれば、Fairchild の研究部門と開発・製造部門は完全に分離されており、各部門は半導体製造に関して独自の考えを持っていた。設備や設計思想が異なっていたので、研究部門が設計を終えると、単に壁の向こうの製造部門に投げ込むようなものであった。また研究部門は製造部門に対して優越感を持っていたことも、分離を加速させた。

　このようなインテルの創立者たちの経験により、インテルの研究・開発に対する態度は Fairchild とは異なっていた。半導体産業は新たなテクノロジーの発明に大きく依存しているが、インテルは内部に研究所を作らない。[※4] むしろインテルは製造部門に力を入れる。「重要なのは優秀なチップを製造することであって、優秀な論文を発表することではない」(Gargini)。[※5]

　こうした態度は採用活動にも現れた。多くの研究所はコンピュータ・サイエンスや電気工学の優秀な博士号取得者を採用したがった。こうした研究所では、自由に研究でき、講義をする必要はなかった。

　インテルでは、まず新人の従業員は6カ月間、工場で働かされた。そして、開発部門に配属されても、工場の中で、新たなチップ製造の開発をするのである。[※6]

　またインテルは、Noyce の方針により、最小限の情報で研究を行う原則を採用した。問題に対する解答を推測できれば、それが正しいかどうかを確認するためだけに科学の力を借りる。間違っていれば、別の解答を推測する。この繰り返しである。こうした原則のおかげで、インテルからスピンオフされる企業はほとんどなかった。商品化できない不必要なアイデアはほとんどなかったからである。インテルにおいて新たなアイデアが商品化される割合は、Fairchild のそれよりもはるかに高かった。[※7]

　このようにしてインテルは多くのイノベーションを行ったが、これはテ

クノロジーを商品化につなげたのであって、アカデミックな動機による科学的研究を行ったのではない。たとえば、インテルはE-PROM（erasable programmable read-only memory）を発明したが、これはDRAMの欠陥を調査したことにより生まれたものである。その欠陥は電源オフ後も電気が残るというものであった。これを利用して、電源オフ後でも情報を保持できるメモリ（E-PROM）を開発したのである。

マイクロプロセッサも製造コスト削減を研究しているときに生まれたものである。日本の計算機メーカーBusicomからの注文でコントロール・チップを製造しているときに、複数の単純なチップを組み合わせたほうが製造コストが下がることを発見した。これがマイクロプロセッサの発明につながったのである。

このように、インテルは社内で研究所を持たずに、長い間イノベーションを続けてきた。実際、インテルは独立した開発部門も持たず、開発作業は製造部門の中で行われてきた。さらに、製造部門ではスペースの制約から新たな設備の導入は限られているため、新たな設備を最小限にするような方法で新製品の開発が行われてきたのである。これにより、新製品を開発しても新たな設備投資は最小限ですみ、利益率を高めることができたのである。

■正確にコピーせよ

インテルのイノベーション・プロセスは、インテルがDRAM事業から撤退したときに変化することになった。撤退後のDRAM工場は独立した研究部門となったが、これでは、Fairchildのように、研究と開発のギャップに直面するリスクがあった。

インテルは、こうしたリスクに対して、研究部門と開発・製造部門で同じ設備を導入することにした。6割から7割の設備が同じものであった。この方式は「正確にコピーせよ（Copy Exactly）」とよばれた。これは次の

ようなステップで導入された。

まず、同じ設備メーカーと取引し、プロセスを共通化する。

その後、同じ設備を購入する。

その後、同じ設備を同じ配置にする

「正確にコピーせよ」はインテルの宗教となり、インテルの成功には欠かせないものとなった。[※8]

しかし、限界もあった。これは、新たなテクノロジーの出現がゆっくりと起こる場合にのみ採用できるプロセスなのである。突然の大きなテクノロジーの変化があった場合には対応できないプロセスであった。[※9]

■IBMとAT&T ── 研究開発への伝統的アプローチ

インテル以外に半導体業界で成功したIBMとAT&T（後にルーセント）は、インテルとは異なり、大規模な基礎研究を続けていた。IBMはニューヨーク州のYorktown Heightsの研究所で、AT&Tはニュージャージー州のベル研究所で半導体の基礎研究を行った。これらの研究所の研究員はノーベル賞を始めとする賞を受けた。

これらの研究所は新たなテクノロジーを生み出し、業界をリードした。たとえば、シリコン・ウエハーのサイズを150ミリから200ミリに拡大し、チップの集約度を上げ、コストを削減することに成功した。IBMは半導体製造装置メーカーと共同で新しいウエハーのサイズに合った製造装置を開発した。IBMは製造装置メーカーに資金を提供し200ミリウエハーの普及に努めた。

その結果、IBMは新たな規格に合わせた製造装置を持つメーカーとなることができた。一方のインテルは新たな製造装置の開発には関与しなかった。半導体メーカーにとっては、新たな規格に合わせた製造装置を早く導入することが有利だとされていた。半導体製造装置メーカーは莫大な資金

(IBMの提供した以上の資金)を新装置開発に投資する必要があった。開発にかかる資金が多いと、投資を回収するためには、半導体製造装置を大量に製造し、IBMやAT&T以外の半導体メーカーにも半導体製造装置を販売する必要があった。半導体製造装置メーカーはIBMやAT&Tが半導体製造装置を購入した半年くらい後に、インテルのような企業に販売した。

こうした状況はインテルにとってありがたいものであった。インテルは半導体製造プロセスの効率化に努力するのみでよかった。新たな規格への基礎研究や資金提供はIBMやAT&Tがしてくれた。インテルが他社よりも早く大量に半導体を製造することができるのであれば、テクノロジー自体を発明する必要はなかった。

もっとも、インテルの成功は長続きしなかった。IBMやAT&Tが基礎研究への投資から利益を得ることができなくなったので、投資を縮小した。AT&Tの半導体ビジネスは1980年代に不振になり、次世代規格の研究投資を大幅に削減した。1993年にルイス・ガースナーがIBMのCEOになると、IBMのキャッシュ・フローをプラスにすることを義務づけた。ゆえに、半導体製造に関する新たな研究投資や資金提供は削減された。これは半導体業界全体で基礎研究に対する投資が削減されることを意味した。半導体製造装置メーカーは開発資金のスポンサーであったIBMやAT&Tが抜けた穴を、インテルに埋めるよう求めるようになった。

■インテルのイノベーション──新たなアプローチ

インテルの研究開発に対するアプローチは特異なものであったが、それでもインテルは研究開発に多額の投資をしていた。2001年に研究開発への投資額は38億ドルで、その3分の1はプロセス・イノベーションに投資され、3分の2は新製品開発に投資された。1996年までに、IBMやAT&Tが研究開発投資に対する態度を変化させたことにより、インテルのイノベーションに対するアプローチも変化した。

インテルは社内にIBMやAT&Tのような中央研究所を持たないポリシーを持っていたが、それとは異なる分散型の研究所を3つ設立し、それぞれが専門分野に特化した研究をすることとした。

　3つの研究所はそれぞれ、IAL（Intel Architecture Lab）、MRL（Microprocessor Research Lab）、CRL（Components Research Lab）とよばれた。これらはインテルのバリュー・チェーンに沿った役割を果たした（図表6－1）。チェーンの一番下はCRLである。ここではマイクロプロセッサを製造するためのテクノロジーを研究している。CRLは大学やサプライヤーとネットワークを作り、オペレーショナル・テクノロジーの発展に貢献している。[※10]

　次はMRLである。ここは伝統的な中央研究所と似ている。ここでは将来のマイクロプロセッサのアーキテクチャの研究を行っている。MRLによりインテルは外部の知識を積極的に取り入れることができた。たとえば、Itanium 64-bit マイクロプロセッサは、HPのテクノロジーにインテルのテクノロジーを付加して創られたものである。

　最後にIALである。ここでは将来のコンピュータのアーキテクチャを研究している。インテルの現在の製品は将来のコンピュータ・アーキテク

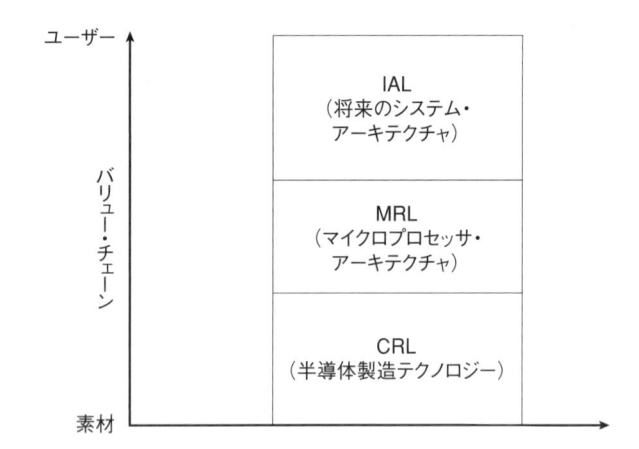

図表6－1　インテルの研究所とバリュー・チェーン

チャの一部として活用されることになる。この研究所は第5章で示したCiticorpのバリュー・チェーンの最上部に相当する。IALにおいてインテルは多くの外部の知識を積極的に取り入れ、新たなアーキテクチャに向けて統合し、ソリューションを提供しようと努力している。IALにより、インテルはシステムレベルの知識を蓄積し、将来のシステムの進化に影響を与えることができるのである。IALはサード・パーティのネットワーク作りも行っている。CRLと同様、IALの目的は外部の知識にアクセスするとともに、これらを統合するアーキテクチャを社内で開発することである。しかしCRLと異なり、IALではシステムレベルのアーキテクチャをマイクロソフト等の会社と共同して開発し、将来のコンピュータ業界の方向性に強い影響を及ぼしている。

■インテルの外部イノベーションへのアクセス

こうした社内での研究活動に加え、インテルは外部の研究所などとのネットワーク作りのためにさまざまな活動を行っている。インテルは毎年テクノロジー・カンファレンスを主催し、外部の研究所や大学の研究員を多数集めている。また、フォーラムやセミナーも開いて、研究成果を交換している。さらに"Intel Technical Journal"を発行し、内外にインテルの研究成果を発表している。

各研究所の活動はインテル・リサーチ審査会において調整されている。これにはインテルの役員とリサーチ・フェロー、各研究エリアの代表が出席する。[※11] 審査会では、インテルの行う外部研究活動のサポート内容（どのプロジェクトや大学教授をサポートするか等）を検討する。2000年にインテルがサポートした研究プロジェクトは300件、資金供与は1億ドルである。さらにインテルはイスラエル、ロシア、中国で研究員を雇い、11カ国の大学で研究プロジェクトをサポートしている。

多くの企業は大学院生の研究をサポートしているが、これは単に資金を

提供して1年後に成果を評価するといったものである。しかし、インテルでは担当の研究員が資金を提供した大学院生や担当教授と直接接触する。1999年には31人の研究員と、87人のボランティア指導員が大学院生を担当し接触している。このようにして、大学院生はインテルの研究に接することができ、インテルも大学の先端研究に接触する機会を得ることができるのである。また、こうした制度はインテルのリクルーティングにも貢献している。

こうしたアカデミックな活動に加えて、インテルは外部の研究所と共同研究を行い、外部の研究プロジェクトに資金を提供している。その代表例はSemiconductor Research CorporationとSematechである。[※12] また、無名の研究に対しても資金サポートを行っている。その一例はRobert Noyce Memorial Fellowship Programである。これはコンピュータ・サイエンスやエンジニアリング、ビジネス専攻の大学院生をサポートするプログラムである。[※13]

このように、分野を特化した社内研究所と、外部との共同活動は、インテルの研究開発に対するポリシーを特徴づけるものである。社内研究所の第一の役割は、インテルと外部の研究者とがネットワークを作ることである。[※14] 2001年には、より外部の研究者との関係を深めるために、3つの一流大学（カーネギーメロン大学、UCバークレー、ワシントン大学）に隣接して研究施設を設立（labletsとよばれた）することにした。これらlabletsの長は、大学教授がインテルに一時的に出向して就任した。これにより、インテルは、大学との関係を深め、新たなテクノロジーにいち早く接近することができた。

また、インテルは、こうした研究者とのネットワークや資金力を生かして、これまでバラバラだった大学の研究プログラムを大規模な研究プログラムに統合した。この統合されたプログラムにより、インテルは、将来のコンピュータのアーキテクチャについての情報を得、外部の研究プログラムをマネージするノウハウを習得することができた。また、こうした外部

の研究を活用するアプローチは、インテル内部で同種の研究をするよりもコスト面で割安であった。

インテルの現在の研究部門の長は、David Tennenhouseである。Tennenhouseはかつて DARPA（Defense Advanced Research Projects Agency）のマネジメントを行ってきた。DARPA 自体は研究所を持たないが、DARPA は多くの多岐にわたる研究プログラムを統合して米軍技術の研究に役立ててきた。インテルは、Tennenhouse により、この DARPA モデルを応用して、大学の研究を統合しインテルに役立てることを期待している。

■インテルのイノベーションへのアプローチの評価

インテルのイノベーションへのアプローチには多くの強みがある。将来の見通せない研究に投資しないことや、他社の研究成果を社内の製造プロセスに取り入れることは、コスト面で効率的なものであった。インテルは外部の研究所に資金を提供することはあるが、これらは研究にかかるすべてのコストをカバーしているわけではない。

インテルはまた、IBM やベル研究所、Xerox の PARC とは異なる研究員を採用している。インテルのイノベーションに対するアプローチは、一流大学のトップの卒業生にとって魅力的なものではない。IBM などで許される自由、知的刺激、発見の興奮とは異なり、インテルは研究員に 6 カ月間の工場勤務を課し、その後も製造部門と密接な関係におかれる。インテルの必要としている研究員には外部の研究成果を製造部門につなげることが期待されている。また、バラバラの研究活動を統合して新たなシステムのアーキテクチャを創造することが期待されている。第 5 章で述べた、IBM の知識活用を発展させたものであり、異なっているのはインテルは知識創造に力を入れていないことである。

インテルのアプローチは、他社が研究開発投資を続け新たなテクノロジーを創造しつづけることを前提としている。これは、インテルが IBM

やAT&Tと比べて小規模な会社だった時代にのみ成り立った前提である。現在インテルは他のコンピュータ関連企業をしのぐ規模に成長してしまった。インテルが基礎研究をせずに成長してきたおかげで、他の企業は研究開発投資を縮小し、これがコンピュータ業界全体の動きとなってきた。

コンピュータ業界における研究開発投資縮小の動きは、Mooreの法則が成り立たなくなることを意味する。Mooreの法則はあくまでも経験的な法則であり、これが成り立つためには、新たなテクノロジーが次々に創造される必要がある。もしコンピュータ業界全体で研究開発投資が縮小されれば、コンピュータ業界全体の成長が鈍ってしまい、Mooreの法則が成り立たなくなってしまうのである。

■インテル・キャピタル――もう1つの外部イノベーション

インテルの研究開発モデルは特徴的なものであるが、それ以外にも興味深い部分がある。インテルはシリコンバレーにあるので、常にイノベーション環境の真中にある。これは、Xeroxのテクノロジーが外部のベンチャー企業に流出し、Xeroxのイノベーションを危機に陥れた環境である。

しかし、インテルはベンチャー・キャピタルにより利益を得る方法を発見した。インテルは社内ベンチャー・キャピタル（インテル・キャピタル）を立ち上げ、周辺のベンチャー企業とのネットワークを作った。これにより、ベンチャー企業の成果をインテルの戦略に採り入れることが容易になった。また、インテルはマイクロプロセッサ以外の分野への進出可能性も、ベンチャー企業に投資することにより模索できるようになった。

インテル内部の研究開発部門の責任者とインテル・キャピタルの設立者は同一人物（Leslie L. Vadasz）である。インテルは内部の研究開発に投資すると同時に、外部のベンチャー企業にも投資しているのである。これはクローズド・イノベーションの時代には考えられなかったことである。

■インテル・キャピタルの戦略的役割

　2002年6月現在、インテル・キャピタルは475先に投資し、その市場価値は14億ドルである。[※15] しかし外部企業への出資はインテルでは珍しいことではない。1980年代初めにインテルはサプライヤーに対して投資をし、サプライヤーに設計や製造プロセスの質を上げさせた。インテルはこうした投資により、サプライヤーを子会社化するつもりはなかったが、投資に対する財務的リターンを求めた。またそれ以上に、こうしたサプライヤーを味方につけ、インテルの戦略的目標の達成を容易にすることが目的であった。

　1990年代半ばまでには、対象となる企業はインテルのバリュー・チェーンを超え、インテルのマイクロプロセッサを支えるソフトウェアやハードウェア・メーカー全体におよんだ。インテルは、Pentiumを利用した優れたソフトウェアやハードウェアが作られれば、Pentium自体の価値も上がると考えていた。[※16]

　インテルはこのように外部の企業に投資することにより、新たな高速Pentiumマイクロプロセッサの普及を促そうとした。もし、他の企業がPentiumと互換のマイクロプロセッサを使っており、高速なプロセッサを必要としていれば、Pentiumの売上げも増えると考え、インテルは大規模な外部投資、マーケティング、技術協力をはじめた。1990年代までに、インテルはビデオ、オーディオ、映像メーカーなど数百社に投資した。これらは製品内部に高速なマイクロプロセッサを必要としており、インテルのPentiumの販売増加が期待できたのである。

　しかし、マイクロプロセッサの販売増加のみが、インテルのベンチャー・キャピタル投資の目的ではない。インテルはベンチャー・キャピタル投資を通じて、マイクロプロセッサ分野以外の分野への進出可能性も、模索していた。また、インテル内部の研究プログラムに対してもシード・マネーを投資した。こうしたシード・プロジェクトは6カ月から24カ月

かけて終了し、その後は自ら資金を探してくることが期待された。インテルの投資は、プロジェクト初期のテクノロジー・リサーチに焦点があてられていたからである。10年もの長期間の研究プロジェクトは大学では可能であるが、産業界では不可能であると考えていた。[※17]

インテルは社内のシード・プロジェクト投資を、社外のベンチャー・キャピタル投資のデュー・ディリジェンス・プロセスの一環として行うこともあった。このように、社内のシード・プロジェクトと外部のベンチャー投資の組み合わせにより、インテルは将来のテクノロジーに関する知識を吸収することができた。インテルは将来の戦略的興味のある分野にのみ投資した。また、インテルは投資を通じて知識も吸収した。伝統的なベンチャー・キャピタルとは異なり、インテルは多くのエンジニアやマーケティング担当者を動員してデュー・ディリジェンスを行った。インテルの投資は単なる金銭の投資だけではなかったのである。[※18]

インテル・キャピタルを通じて、インテルは幅広い分野に投資することができ、コンピュータのプラットフォームを発展させることができた。2001年には、インテル・キャピタルの半分以上は米国外に投資されている。こうした投資により、インテルはグローバル化戦略を進め、国際市場を開拓することが容易になったのである。

■インテル・キャピタルの投資プロセス

インテルは外部の投資先をさまざまな方法で見つける。インテル・キャピタルのマネジャーは担当のビジネス分野を持ち、インテル本社のその分野担当のマネジャーと共同して、その分野のテクノロジーやベンチャー企業を調査し、ネットワークを作り、インテルの戦略にとって重要な企業を選ぶ。

インテルの戦略に沿うものとして選ばれた企業は、次のステップとして、「ハードワーク」が待っている。これは、具体的なディール（取引契約）ポ

リシーの交渉である。インテル社内でIPA（investment project authorization）とよばれる会議が開かれ、ターゲット企業のマネジメントや競争相手や契約条件が検討される。IPAでは次の問いに対する解答が検討される。何が得られるか？　何を与えるか？　この投資を戦略的成功とする場合の評価基準は何か？

　こうしたIPAにおける検討を踏まえてディールが検討され、締結される。その後、ターゲット企業をモニタリングする体制へと移行する。インテルは監督権限を多く握ろうとするが、実際に取締役を送り込むことは少ない。これは、インテルの従業員が、インテルに対する忠実義務に違反することを避けるためであるが、事前にIPAにおいて十分に検討されているので、取締役を送り込む必要がないともいえる。[19]

　インテルの投資先企業は、製品のパフォーマンスを良くするためのテクノロジーに関して、インテルからサポートを受けたり、共同で開発を行ったりすることができる。またこれらの企業はインテルの戦略を理解し、インテルの販売網を利用することができる。インテルが投資先企業の製品のパフォーマンスを向上させた場合に受け取る追加的な株式割当は、IPAにおいて「得るものと与えるもの」を議論した際に具体的に決められている。

　インテル・キャピタルが投資を決定した場合、その後のマネジメントはインテルのビジネス部門が行う。また、ファイナンスに関する問題ではインテル・キャピタルのマネジャーも重要な役割を果たす。誰が担当するにせよ、インテルはIPAで決定された評価基準に照らして、四半期毎に投資のパフォーマンスを評価する。インテルの諺に、「評価されるものは良くなる」というのがある（インテルの前CEOで現会長のAndrew Groveが言いはじめたとされる）。[20] 四半期毎の評価はパフォーマンスの現状とトレンドについて検討し、インテルの戦略目的に合ったものであるかどうか検討される。そして、単に評価するだけではなく、必要があれば投資打ち切りが決定されることもある。[21]

　インテルは投資のリターンも追求するが、その主たる目的は契約書に記

載された戦略目的を達成することである。ベンチャー投資であるが、金銭的リターンではなく戦略目的を追求するのである。しかし、こうした戦略目的が達成されているかどうかを評価することは、金銭的リターンの評価よりもはるかに困難である。インテルですら、ベンチャー・キャピタルが実際にどれだけインテルの売上げと収益増加に貢献したか評価するのは困難なのである。[※22]

インテル・キャピタルによる投資は、2000年には80億ドルであったのが、2002年6月には14.6億ドルに下落した。これは当時物議をかもした。インテルに批判的な者は、インテルは自身の投資（1990年代に800件以上あったのが2002年に475件に減った）を十分効率的にモニタリングできなくなっていると批判した。

しかし、こうした批判はインテルの投資戦略を無視したものである。インテルの投資目的はインテル製品の需要を増やすことである。インテルは他のベンチャー・キャピタルと協力して投資をするので、インテルが投資自体を仔細にモニタリングする必要はない。インテルが市場価値を分析する場合、ベンチャー・キャピタル投資によるインテル社内への知識蓄積やインテル製品売上げへの貢献は、勘案されていないのが通常である。

インテルはこうした混乱に対して、2000年以降、自身の投資リターンを上げることにより応えた。高いリターンはインテルの第一の目的のように誤解されるが、そうではない。しかし高いリターンはインテルのベンチャー・キャピタル投資を容易にしたことも確かである。インテルは2001年に投資ロスを経験したが、2002年もベンチャー・キャピタル投資を続けている。米国内での投資は減少したが、海外への投資は大きく増加している。

■社内の知識と社外の知識の結合

インテルの例は、オープン・イノベーションにより、どのようにすれば

社内の知識と社外の知識が効果的に結合されるかを示してくれる。インテルのポリシーは、社内で研究を始める前に、まず社外にある研究活動を調べることである。そして、インテルは、社内の知識と社外の知識をどのように結合すれば新たなシステムのアーキテクチャを創ることができるかについて考える。このようにして、インテル社内の研究は、社外の研究成果を利用して価値を創造し利益を得ることができるのである。

インテルはまた、社内ベンチャー・キャピタルにより、バリュー・チェーンを拡大する。その際、社内の研究部門がデュー・ディリジェンスに参加し、通常のベンチャー・キャピタルよりも技術的に詳細なデュー・ディリジェンスを行う。こうした投資はインテルが新たなマーケットに進出するのを容易にする。

インテルのアプローチは、企業が知識の不毛な砂漠に囲まれていた時代には適用できないかもしれない。インテル社内の研究活動は外部の知識に依存する部分が大きいからである。インテルのベンチャー・キャピタル投資により、将来有望な多くのベンチャー企業とのネットワークを作ることができる。ベンチャー企業の選択するプラットフォームや戦略は、インテル自身の戦略的選択にも影響を与える。

インテルはまた、社内ベンチャー・キャピタルにより、現在のビジネス分野以外のマーケットに関する知識を得ることができる。インテルは幅広い投資先を持つことにより、インテルにとって将来有望な分野を予測することも容易となる。インテルが有望な分野を発見すれば、インテル社内の研究部門がその分野の知識やリスクを検討したり、有力な大学の研究者を探したりする。

インテルのこうしたアプローチは、オープン・イノベーションの時代における垂直統合の是非について考えさせてくれる。インテルは、コンピュータ、ソフトウェア、ハードウェアをすべて統合して提供するのではなく、コアとなる商品のみ提供し、後は関連する商品を提供する企業に投資する。インテルのビジネスモデルはバリュー・チェーンを広げるもので

あるが、同時にコアとなる商品であるマイクロプロセッサに注力し続けている。インテルはIBMがクローズド・イノベーションにより達成したような強力なコントロールはしない。しかし、大学への資金提供、ベンチャー企業への投資により、マイクロプロセッサのみならず、コンピュータ・システム全体へのインテルの影響は非常に大きい。

■残されたリスク

　インテルのイノベーションを見てきたが、そこに残されたリスクを忘れてはならない。社外の知識を利用することは強みでもありリスクでもある。インテルは今後も成功を続けるためには多くの優れた研究成果が必要である。Mooreの法則が半導体業界を支配するならば、チップの回路は非常に微細なものとなり、チップの素材に関する研究は非常に重要となる。

　本章で述べたように、半導体業界における基礎研究は、かつては軍やIBMやAT&Tによって行われてきたが、基礎研究に対する投資は減少しつつある。もしMooreの法則が成り立たず半導体業界の発展がスローダウンするようになると、インテルは他の企業からの競争に晒されるであろう。これら競争相手は製造スピードは遅いが、製造着手はインテルよりも数カ月早いのである。インテルのlabletsは、さまざまな大学の研究を統合して次世代のコンピュータ・アーキテクチャを創造するには有効な方法と思われるが、別の意味でチャレンジである。このlabletsを有効に機能させるためにはインテル社内でも長期間の本格的な研究を行う必要がある。これはインテルがいままでに経験したことがないやり方である。

　インテルはこうしたチャレンジを自覚している。インテルのコンポーネント・リサーチ研究所長のSun-Lin Chouはインテルのイノベーションに対するアプローチを次のように語る。

　　われわれのモデルには限界がある。われわれには新たな分野に対する知識の蓄積がない。ゆえに、新発明をすることは困難となる。次世代ICや次

第6章　インテルのオープン・イノベーション

世代ウエハー・素材はどこで発明されるのだろうか。社内で発明されるのならば、社内の研究部門に投資すればよいだろう。しかし、新発明が外部に出現すると予測するのならば、その分野の外部企業に投資し、外部のリサーチ活動をモニタリングするほうが良い。いずれにせよわれわれは、新発明をさがし求めなければならないのだ。[23]

脚注

※1　Robert Burgelman, "Fading Memories," *Administrative Science Quarterly* 39, no. 1(1994): 24-56.

※2　Gordon Moore, "Some Personal Perspectives on Research in the Semiconductor Industry," in *Engines of Innovation*, ed. Richard Rosenbloom and William Spencer (Boston: Harvard Business School Press, 1996).

※3　Paolo Gargini との電話インタビュー（9 February 1999）。

※4　Moore, "Some Personal Perspectives," 165.

※5　"Intel Labs(A): Photolithography Strategy in Crisis," Case 9-600-032 (Boston: Harvard Business School Press, 1999).

※6　前掲

※7　Moore, "Some Personal Perspectives,"168.

※8　"Intel Labs(A): Photolithography Strategy in Crisis."

※9　前掲

※10　"Intel Labs(B): A New Business Model for Photolithography," Case 9-600-033 (Boston: Harvard Business School, 1999).

※11　インテルのリサーチ・フェローは社内で最も評価の高い研究員である。

※12　Semiconductor Research Corporation は半導体工業協会により設立された、半導体業界のために役立つ研究資金を大学に対して提供するための非営利組織である。Sematech は政府援助を受ける半導体業界団体であり、半導体製造装置メーカーへの資金援助や業界標準の制定を行っている。Rosemarie Ham et al., "The Evolving Role of Semiconductor Consortia in the U.S. and Japan," *California Management Review* 41 (1998):137-163 参照。

※13　著者自身もカリフォルニア大学バークレー校の博士課程に在学時、Robert Noyce Memorial Fellowship を2年間授与された。

※14　Sun-Lin Chou との電話インタビュー(19 August 1999)。

※15　Intel Capital Web site <http://www.intel.com/capital/news/earnings.htm> (accessed 8 October 2002).

※16　Les Vadaszとのインタビュー（Santa Clara, CA, 2 April 2000）。Jim Moore, *The Death of Competition* (New York: HarperBusiness, 1996)。

※17　Les Vadaszとのインタビュー（Santa Clara, CA, 2 April 2000）。"Intel Capital: The Berkeley Networks Investment," Case 9-600-069 (Boston: Harvard Business School, 2000)。

※18　前掲

※19　前掲

※20　前掲

※21　"Intel Capital: The Berkeley Networks Investment."

※22　これは企業内ベンチャー・キャピタルの研究において興味深い点である。企業内ベンチャー・キャピタルと独立系のベンチャー・キャピタルの比較研究としてThomas Hellman, "A Theory of Corporate Venture Investing," working paper, Graduate School of Business, Stanford University, Stanford, CA, 1999やHenry Chesbrough, "Making Sense of Corporate Venture Capital," *Harvard Business Review,* March 2002, 90-99参照。

※23　Sun-Lin Chouとの電話インタビュー(18 February 1999)。

第7章
企業内部のテクノロジーによる新たなベンチャー企業の創造
ルーセント・ニュー・ベンチャー・グループ

- ■ ベル研究所
- ■ ルーセントの組織のイノベーション──ルーセントのニュー・ベンチャー・グループ
  NVGのイノベーション・モデル
  NVGのハイブリッド・モデル
- ■ Lucent Digital Video──NVGプロセスの一例
  ルーセントのセカンド・オピニオン──誤りの訂正
  NVGの問題点
  夢のイノベーション・モデルのレクイエム
- ■ 株主にとっての価値創造と社内イノベーション

第5章と第6章では、IBMが社内の研究部門により異なるビジネスモデルに進出するアプローチや、インテルが社内と社外の研究を統合しベンチャー・キャピタルも活用してイノベーションを進めるアプローチを紹介した。これらのアプローチは外部の知識を社内に取り込むものである。本章では、イノベーションのマネジメントの第三のアプローチを紹介しよう。これは社内の知識をマーケットに出すために、社内のテクノロジーを利用して社外にベンチャー企業を作り、新たなビジネスモデルによりテクノロジーを商品化するものである。

このプロセスの重要性については、XeroxのPARCからスピンオフされたベンチャー企業の例を第1章で述べた。第4章でも、ベンチャー企業を設立することにより新たなビジネスモデルを見つけるプロセスについて述べた。Xeroxは新たなビジネスモデルを評価する能力が十分ではなかった。社内のテクノロジーを用いて新たなビジネスを創造する高度にシステマティックなプロセスの例は、ベル研究所から生まれたルーセント・テクノロジーの例である。ルーセントはXeroxのプロセスを研究し、向上させた。本章でこれを詳しくみてみよう。

■ベル研究所

クローズド・イノベーションの時代において、ベル研究所は世界で最も優れた研究所であった。ここでトランジスタが発明され、宇宙の暗黒物質が発見された。ニュージャージー州のベル研究所のロビーに入れば、そこはノーベル賞などの受賞を記念するメダルに溢れている。

1980年以来、AT&Tの分割とともに、ベル研究所も分割された。ルーセントは分割後のベル研究所の中で最大の会社である。

第7章 企業内部のテクノロジーによる新たなベンチャー企業の創造

■ルーセントの組織のイノベーション──ルーセントのニュー・ベンチャー・グループ

ルーセントはベル研究所の中でも優れた部分を引き受けたとされていた。[1] しかし、ルーセントは、自社の研究成果を十分に生かし切れていないと考えていた。そこで、1997年にルーセントはニュー・ベンチャー・グループ（NVG）を設立した。NVGはベル研究所で創造されたテクノロジーを既存のビジネス以外の分野で商品化するために設立された。

ルーセントは新たなベンチャー企業へ投資するに際して厳しい評価を行った。評価に当たっては、同業者であるインテル、3M、Raychem、Thermo Electron、Xeroxといった企業や、他のベンチャー・キャピタルと数多くのディスカッションをし、テクノロジーを商品化することが可能かどうか、資金を投資するのが妥当かどうか議論した。ルーセントはベンチャー・キャピタル投資の危険性を知ってたので、意思決定は慎重に行った。[2]

ルーセントはリスクテイキングと速い決断といったベンチャー・キャピタルの性格と、テクノロジー重視のベル研究所の性格をミックスしたモデルを採用した。NVGにとってのチャレンジは、組織のカルチャーにベンチャー精神を採り入れることであった。

ルーセントにとってこれは困難なことであった。テクノロジーの発明に優れた組織は、そこから利益を得ることは難しかったのである。[3] ルーセントは社内にベンチャー・キャピタルを保有することにより、こうしたパラドックスに挑戦したのである。

NVGのイノベーション・モデル

NVGの目的はルーセントのテクノロジーから新たなベンチャー企業を作り、イノベーションをマーケットに素早く出すことであった。そのため

には、よりベンチャー精神を生かした環境で、意思決定を早くし、チームワーク、リスクテイキングを重視する必要があった。[※4] ルーセントはベンチャー企業を設立し、新たなビジネスモデルを創造する環境を整備した。また、投資のリターンは20％を要求した。インテル・キャピタルと同様に、NVGも社内のベンチャーだからといって、補助金を出したりはしなかった。

しかし同時に、ルーセントはNVGがルーセントのイノベーション・プロセスの障害にならないように気を配った。ルーセントはその研究員がNVG行きになるような研究に没頭することを避けた。ルーセントの研究員は主としてルーセントの商品の研究に従事させた。このように、ルーセント自身のビジネスのための研究と、新たなベンチャー企業を設立するための研究とのバランスをうまく保った。

このバランスのマネジメントのために、NVGは後にphantom worldとよばれるものを設立した。これはルーセント独特のもので、ベンチャー・キャピタルと通常のテクノロジー開発をミックスしたものである。これは、単独ではベンチャー・キャピタルから資金を得るには至らないようなアイデアに、ルーセント内で開発される機会を与えた。phantom worldはベル研究所のアイデアがルーセントのビジネス・チャネル外でマーケットに出される発射台となった。

図表7－1にNVGのイノベーションがマーケットに出て行くプロセスを示す。このプロセスは、NVGのマネジャーとルーセントの研究員との定期ミーティングからはじまる。両者の間でアイデアが議論され、適当なものがあればNVGのマネジャーがベンチャー企業を設立することを提案する。提案はルーセントのビジネス部門が優先権を持ち、既存のビジネスモデルとの戦略面での整合性が検討される。もしビジネス部門がそのテクノロジーを自ら使いたいならば、ビジネス部門が資金を拠出し、そのテクノロジーはビジネス部門に移管される。この場合、テクノロジーが用いられるビジネスモデルは既存のものか、それを変形したものである。ビジネ

第7章　企業内部のテクノロジーによる新たなベンチャー企業の創造

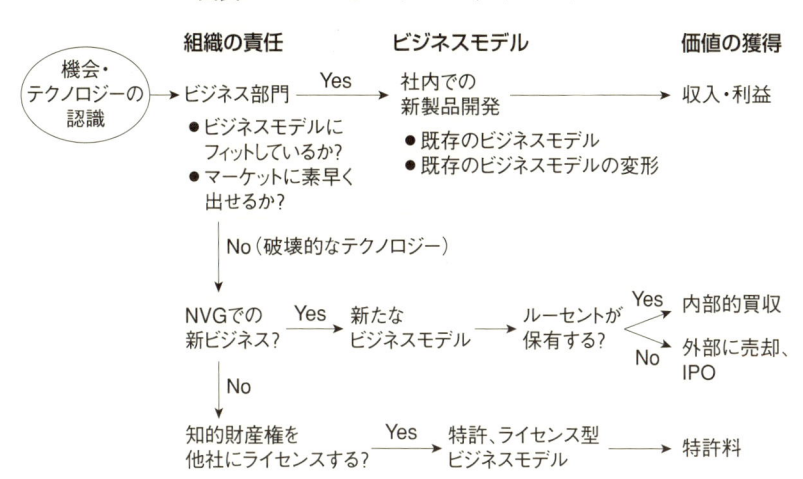

図表7－1　NVGのイノベーション・モデル

```
                    組織の責任            ビジネスモデル              価値の獲得

  機会・         ビジネス部門    Yes    社内での
テクノロジーの    ───────→   新製品開発        ────────→   収入・利益
   認識        ●ビジネスモデルに         ●既存のビジネスモデル
               フィットしているか？      ●既存のビジネスモデルの変形
              ●マーケットに素早く
               出せるか？
                   │
                   │ No（破壊的なテクノロジー）
                   ↓
               NVGでの     Yes   新たな                         Yes   内部的買収
               新ビジネス？ ───→ ビジネスモデル ──→ ルーセントが ─→
                                                    保有する？    No  外部に売却、
                   │ No                                              IPO
                   ↓
               知的財産権を   Yes   特許、ライセンス型
               他社にライセンスする？ ─→ ビジネスモデル    ────────→   特許料
```

ス部門はこの決定を9カ月以内（後に3カ月以内に短縮）にしなければならない。すなわち、ビジネス部門はテクノロジーの商品化を永遠に待てるわけではない。こうした方法により研究部門とビジネス（開発）部門の間の考え方の相違を埋めようとした（第2章参照）。

　また、戦略的に既存のビジネスモデルにフィットしないテクノロジーは、「破壊的な（disruptive）」テクノロジーである。ビジネス部門がテクノロジーの取得をしなかった場合には、NVGがマーケットに出す権利を持つ。まずNVGはそのテクノロジーに合ったビジネスモデルを考える。次に、そのテクノロジーはルーセントが内部的に買収するか、独立した外部のベンチャー企業として開発するかを判断する。後者であれば、新設されたベンチャー企業が他の企業に売却されたり、株式を公開（IPO）することもある。

　もちろん、NVGはテクノロジーが商品化に適さないと判断する場合もある。この場合には、ルーセントの知的財産権部門を通じてテクノロジーを他社にライセンスすることもある。ライセンスされたテクノロジーは他社のビジネスモデルで生かされることになる。ライセンスは頻繁に行われ

ており、ルーセントは2001年に特許・ライセンス料として4億ドルを得ている。このように、ベル研究所のテクノロジーをどのようにしてマーケットに出すかは、テクノロジーに適したビジネスモデル次第である。

こうしたプロセスのマネジメントには、NVGとベル研究所・ルーセントのマネジャーの緊密な連携が必要である。NVGは内部にビジネス部門を作り、ベル研究所のマネジャーたちとの連携を担当している。NVGにはテクノロジーとマネジメントの両面のコンサルタント経験者を集めた。彼らは、研究所のマネジャーからさまざまなアイデアを仕入れてNVGの役員に報告し発展させた。

第4章で述べたように、初期のベンチャーを商品化に導くためには、テクノロジーとマーケットの不確実性に直面しなければならない。NVGはこの不確実性に対して三段階にわたって対処する。まず、第一段階の初期評価（initial evaluation stage）では、5万ドルから10万ドルの比較的少額の投資を2～3カ月間継続する。そして将来性があると判断した場合には、第二段階として市場適合性評価（market qualification）に入る。ここでは、NVGはビジネス担当チームを結成し、ビジネスプランを策定したり、製品開発、顧客調査などを行う。この段階での投資金額は5万ドルから100万ドルである。期間は3～12カ月である。

ビジネスプランが承認されたあと、第三段階として、商品化（business commercialization）のフェーズに入る。この段階が最も期間が長く、投資金額も大きい。この段階でビジネス構造を確立し、商品化とマーケット進出を企画する。かつてはNVGは全額この段階の投資を自身で行っていたが、後に外部のベンチャー・キャピタルとシンジケート団を組成して行うようになった。外部のベンチャー・キャピタルが参加するということは、彼らもその投資の将来性を期待しているということを意味していた。

ベンチャー企業が設立されると、独立したオペレーションに入る。ベンチャー企業が成功すれば、最終段階である価値現実化（value realization）、出口戦略（exit strategy）の検討に入る。価値現実化の選択肢としては、

第7章 企業内部のテクノロジーによる新たなベンチャー企業の創造

ルーセントによる再取得（買収）、株式公開、売却、テクノロジーのライセンス、テクノロジーと株式の交換、精算といったものがある。価値現実化の方法の選択にあたっては、ルーセントとの戦略的適合性やオペレーション能力といったさまざまなファクターが考慮される。たとえば、ルーセントとの戦略的適合性がなく、ルーセント内ではオペレーション能力に限界があり、ルーセントの既存の顧客・マーケットとは全く異なる層をターゲットにしている場合には、他社に売却されたり、ライセンスされる場合が多い。反対の場合には、ルーセントに再取得されることが多い。

　こうしたプロセスはうまくいっている。2001年3月までに、ルーセントは26社に投資している。そのうち19社は次のとおりである。

NVGのみ投資したベンチャー企業
- EC&S
- Full View
- Lucent Public Safety Systems
- NetCalibrate
- Savaje

NVGとシンジケート団により投資したベンチャー企業
- Face2Face
- Lucent Digital Radio
- Persystant
- Siros
- Talarian
- Veridicom
- VideoNet
- Visual Insights
- Watchmark

清算されたベンチャー企業
- Elemedia（ルーセントにより再取得）
- Lucent Digital Video（ルーセントにより再取得）
- Maps on Us
- Noteable（ルーセントにより再取得）
- Speech

　これらベンチャー企業の多くはインターネット、ネットワーク、ソフト

ウェア、無線、デジタル・ブロードキャストといったルーセントの戦略的関心が高い分野の企業である。26のうち6つのベンチャー企業はテクノロジーと株式の交換によるものである。これらは優れたテクノロジーと魅力的なマーケットが存在しているが、単独のベンチャー企業としては成り立たないと考えられたため、既存のベンチャー企業に対してテクノロジーをライセンスする代わりに株式を取得することにより、テクノロジーの商品化を図ったのである。

NVGのハイブリッド・モデル

　ルーセントは、NVGがベンチャー・キャピタルとして行動すると同時に、ルーセントのビジネス目標達成のために行動することも期待していた。図表7-2に示すとおり、NVGは完全にベンチャー・キャピタルとしても行動せず、完全にルーセント内部のビジネス部門としても行動していない。たとえば、NVGの投資先のベンチャー企業に対するインセンティブは、擬似エクイティが用いられ、通常の研究員よりも高い報酬を約束する一方、ベンチャー企業に参加しようとする研究員のリスクは軽減されている。他のファクターについての比較は図表7-2に示すとおりである。

　NVGのハイブリッド・モデルはルーセントからベンチャー企業に移る

図表7-2　NVGのハイブリッド・モデルと通常のベンチャー・キャピタル、社内開発との比較

ファクター	ランキング	コメント
インセンティブの密度	3	擬似エクイティを活用
ファイナンスの慎重度	5	段階的な資金提供
モニタリング	4	外部のベンチャー・キャピタリストが経営参加
他のビジネスモデルの発見	4	社外取締役
タイム・ホライズン	1	資金提供の期限なし
投資資金の規模	3	徐々に拡大
戦略的補完	3	再取得の増加
グループ内の知識の保持	1	キャリアに対する不利益を限定

(注)ランキングは、1が通常の社内開発に近く、5が通常のベンチャー・キャピタルに近いことを示す。

第7章 企業内部のテクノロジーによる新たなベンチャー企業の創造

ことを考えている研究員の行動に重要な影響を及ぼす。もともとルーセントの研究員は自らのアイデアをマーケットに出すためにベンチャー企業を興こし、成功しようと考えている。

しかし、ルーセントは、研究員がベンチャー企業からストックオプションを受け取る見返りとして、ある程度のリスクを取らせることにしている。研究員がベンチャー企業に参加する場合、年間のボーナス（年収の10％から25％）を放棄する必要がある。もちろん、通常のベンチャー企業と比べるとリスクは小さいが、この方針のおかげで、多くの研究員がベンチャー企業に参加することを取りやめる。

経験を積むにつれて、ルーセントはベンチャー企業のマネジャーに社外からの人材を求めるようになる。図表7－2に示したモデルは、こうした人材の特徴を規定する。純粋な起業家で、大企業での経験がない者はNVGのモデルにとって有用ではない。NVGのモデルにおいては、経費の配賦や年間経営計画、安全、環境その他に関する企業方針を認識する必要がある。純粋な起業家にとっては、これらは非常にわずらわしいものと感じられるだろう。

NVGのモデルは、ベンチャー・キャピタルのガバナンスも一部に取り入れている。ベンチャー企業への資金提供は段階的になされる。NVGは一部のベンチャー企業に対する投資を、外部のベンチャー・キャピタルとシンジケートすることにより行い、外部のベンチャー・キャピタルのメンバーが取締役会に入ることを許している。これにより、モニタリングの規律を確保すると同時に、NVGが外部のベンチャー・キャピタルとのネットワークを確保し、CEO候補者を探したり適切なビジネスモデルを選択することを容易にしている。

一方、NVGは社内ベンチャーの要素も持っている。NVGのマネジャーはルーセントのビジネスを補完するプロジェクトを探すことに興味を持っている。第6章で述べたインテルの社内ベンチャー投資のように、NVGのデュー・ディリジェンスにはルーセントのマネジャーやベル研究所の研

149

究員も参加している。彼らの経験・知識は、NVGが業界のトレンドやルーセントの顧客のニーズを理解することを助けてくれる。そして、新たなベンチャー企業がルーセントの既存のビジネスと方向性を一致させることを可能にしている。またベル研究所の研究員の視野を広げることにも貢献している。

■Lucent Digital Video —— NVGプロセスの一例

　Lucent Digital Video（LDV）の例によりNVGにおけるプロセスがどのように機能しているかみてみよう。1996年の秋、ベル研究所の研究員であるPaul Wilfordはアナログ信号をデジタル信号に変換するテクノロジーの研究をしていた。これにより、デジタル化されたビデオをデジタル・ネットワークにより配信するという次世代ネットワークを構想していた。ルーセントの先端技術担当副社長のVictor Lawrenceは、当時において需要はなかったがWilfordの研究を継続することを奨励した。ルーセント内部で行われたテクノロジー発表会において、Wilfordの研究がNVGの目に止まった。

　その結果、NVGのパートナーであるSteve Socolofのチームが商品化に着手した。当時、マーケット規模は小さく、3,000～4,000万ドルと予測されていた。この規模ではルーセントの興味を引かなかったため、ルーセントのビジネス部門はその開発をNVGにまかせた。NVGはルーセントの他の部門でスポンサーになってくれるところを探した。NVG社長のTom Uhlmanはルーセント北米マーケティング担当役員とコンタクトをとった。この間に、ビジネスプランの見直しが何度も繰り返された。

　NVGにおいては、新たなベンチャー候補とルーセントのマーケティング部門の関係は、互いに有益なものとなっていた。ベンチャーは有益なフィードバックをマーケティング担当者から受けることができた。これら

第7章　企業内部のテクノロジーによる新たなベンチャー企業の創造

はベル研究所の中にいては得られないものであった。ベル研究所が得られたのは、ルーセントのビジネス部門のフィルターを通した情報だけであり、これらはビジネス部門の収益目標等によりテクノロジーが評価された後のものだった。

　こうした関係はルーセントのマーケティング部門にとっても有益であった。マーケティング部門は最先端のテクノロジーが研究所から出される前に知ることができ、新たなビジネスチャンスを探すのに有益であった。

　NVGは1997年10月に700万ドルの初期投資を行った。NVGはCEOに外部からAndreas Papanicalouを招聘した。取締役にはUhlmanとSocolofを入れた。2年後、売上げは1,500〜2,000万ドルになり、翌年には2,500〜3,000万ドルになると予測された。1999年の夏の時点で、Socolofはベンチャーをルーセントの外に出すべきだと考えていた。既に、インフォーマルな買収の話し合いが外部の企業と進められていた。[※5]

　ところが、ルーセントの光ネットワーク部門が興味を示した。1997年から1999年の間に、ルーセントは中国に対して数百万ドル単位の光ファイバー通信システムを販売した。これにLDVのデジタル暗号装置を組み合わせて販売することができると考えたのだ。ルーセントの光ネットワーク部門は直ちにベンチャー再取得のためにNVGと交渉を開始した。またルーセントはベンチャーの市場価値を知るために、外部の企業にも評価を依頼した。結果的に、ルーセントはベンチャー企業を再取得した。LDVのベンチャーがなければ、ルーセントは光ファイバービジネスにおいて大きく出遅れていただろう。

　このLDVの例は、単なるルーセント内の部門の配置転換の話ではない。ルーセントはNVGに対して実際に買収資金を支払ったかたちとなっている。ベンチャーのマネジャーは実際にベンチャー株式に対する大きなプレミアムを受け取っている。これは、LDVが外部の企業に買収された場合の報酬と同じである。またNVGのマネジャーもベンチャーの価値増大分に比例してボーナスを受け取っている。

ルーセントのセカンド・オピニオン——誤りの訂正

　1997年から1999年の間に、ルーセントは光学ビデオについて多くの知識を吸収した。それは、当初は小さいマーケットであったのが、後に大きなものへと成長した。1997年には小さなニッチマーケットであったのが、1999年には売上げは1,500〜2,000万ドルになり、翌年には2,500〜3,000万ドルになると予測された。

　このように、LDVにはセカンド・オピニオンを得る道があったのである。これはベル研究所では不可能なことであった。ビジネス部門がプロジェクトに資金提供しないと判断した場合、他に資金を得る道はなかった。こうした判断はテクノロジーとマーケットの不確実性の中で行われており、誤っていることもある。しかし誤りを訂正する機会はなかった。

　ルーセントの商品化プロセスにはもともと、擬似合格（当初将来性があると判断されたが、後で誤りであることがわかるもの）に対して修正するプロセスは組み込まれていたが、擬似不合格（当初将来性がないと判断されたが、後に将来性があると認められるもの）を救うプロセスはなかった。NVGはこうした擬似不合格を救う手段を提供した。もちろん、NVGも判断を誤ることがある。しかし、ルーセントは、NVGにより誤りを訂正するほうが多かった。

　ルーセントのビジネス部門もNVGのベンチャーにいつでも参加することができる。大きなビジネス部門がリスクの高いベンチャー企業に創生期から投資することは少ない。しかし、NVGの投資に対しては、好きなときに（適正な価格を支払えば）いつでもベンチャー企業を買収することができる。[※6] NVGはルーセントのビジネス部門にとって第二のテクノロジーの源泉なのである。

　ベル研究所の研究員にとっても、NVGの存在は、そのアイデアを評価してくれる独立の組織としてメリットがあった。また、リクルート面でもメリットがあった。最近では、博士号取得者の獲得についての競争相手は、

他の研究所ではなく、ベンチャー企業である。NVGの存在により、博士号取得者は、世界的レベルの研究所に勤めると同時に、自分のアイデアをベンチャー企業を通じてマーケットに出す機会も与えられる。これは、リクルーティングにおいて大きな強みとなった。

さらにNVGの強みとしては、シンジケーション戦略がある。NVGのベンチャー企業を創造する能力は、外部の多くのベンチャー・キャピタルから注目を集めるようになった。2000年にはNVGのベンチャーには30のベンチャー・キャピタルが1億6千万ドルを投資していた。[※7] これはルーセントのテクノロジーのレベルが高いことの証左である。こうした外部のベンチャー・キャピタルにより、NVGは新たな知識を取り入れ、潜在的なマーケットを見つけることができた。テクノロジーとマーケットに不確実性が高い世界では、こうした情報は非常に役に立つ。

ルーセントにとってNVGが最も有益なのは、NVGによりベル研究所で研究されたテクノロジーの在庫がなくなることである。かつては、ルーセントのビジネス部門は、新たなテクノロジーが有効かどうかわかるまで、ただひたすら待っていた。

しかし、NVGの存在により、ビジネス部門は判断を素早くしなければならない。NVGは有望なテクノロジーを見つけると、ルーセントのビジネス部門に「いま決めなければ、このテクノロジーはもらった」とプレッシャーをかけ判断を急がせる。[※8] NVGのヴァイス・プレジデント Andrew Garman は次のように回想する。

> NVGの存在のメリットは判断のスピードがアップしたことである。ベンチャー企業と大企業の考え方の大きな違いは、ベンチャー企業ではエキゾチックな、差別化されたテクノロジーが好まれるということである。コストは直ちには問題にならず、マーケットまでのスピードが競争に勝つ鍵となる。反対に、大企業の世界では、販売量、信頼性、ブランドで競争に勝とうとする。最近のような急速なテクノロジーの変革期においては、こうした大企業のやり方は通用しなくなってきた。スピードが重視されるのである。われわれはNVGにより、ルーセントのシステムにスピードを加えたのである。[※9]

こうした意見はオープン・イノベーションにとって非常に重要である。ルーセントのNVGは、マーケットへの第二の道を提供してくれる。これが判断のスピードアップにもつながる。NVGは新たなビジネスモデルを見つける手助けもしてくれる。またベル研究所のテクノロジーの商品化に興味を持つ外部のベンチャー・キャピタルも引きつけてくれる。そして、資金のみならず、知識やコネクションも得ることができるのである。

NVGの問題点

このように成功しているにもかかわらず、NVGのビジネスモデルはルーセントでは論議の対象となった。

その1つの原因は、NVGのプロセスは数量化が困難なことである。ルーセントは、NVGの存在によりどれだけ早くテクノロジーを商品化することができたのか、また、NVGが生み出したベンチャー企業のおかげでルーセントの売上げがどれだけ増えたのか、数量化することはできない。NVGがなかったら、テクノロジーを商品化できなかったのかどうか、証明することはできない。こうした数量化が困難なことは第6章で述べたインテル・キャピタルの場合と同様である。

数量化しやすいのは、NVGのベンチャー投資により、どれだけのリターンを得られたかである。2000年のテレコムブームのときには、リターンは70％を超えた。しかし2001年から2002年にかけて、リターンは悪化した。数量化しやすい指標が悪化すると、ルーセントにとってのNVGの戦略的価値に関する論議が沸き上がる。

このように、戦略的価値を数量化することの困難さは、企業内のベンチャー・キャピタルが外部のベンチャー企業に投資する手法にも同様にみられる。環境が良くリターンが高いと、こうした方法は埋もれているテクノロジーを安価に商品化する手法として高く評価されるだろう。しかし、リターンが悪化すると、こうした手法は高くつくことになり、戦略として

第7章　企業内部のテクノロジーによる新たなベンチャー企業の創造

疑問が呈される。

　NVGのビジネスモデルには政治的コストも存在する。これはリターンが悪化したときの状況をさらに悪化させる。ルーセントの内部で作られたNVGによるテクノロジーの商品化競争は、健全ではないと主張する者がいる。社内での人的関係に基づいた閉鎖的な政治的カルチャーを生み出したというのである。たとえば、研究所が第二世代のテクノロジーに投資していた場合、NVGが第四世代のテクノロジーをサポートすることを嫌う。また、NVGのセカンド・オピニオンに対して、ファースト・オピニオンを出した研究員たちは、そのファースト・オピニオンが間違いであったことが明らかにされることを嫌う。ルーセントはNVGがはじめたベンチャーを再取得し、そのために市場価格を支払うため、NVGのパートナーやベンチャー担当者たちに多大な利益をもたらした。これらはルーセントが商品化しないと判断したためNVGがベンチャーとしてはじめたものである。再取得をするために、ルーセントのマネジャーたちはトップマネジメントにまでその理由を説明しなければならなかった。もちろん、説明には当初商品化しないと判断した理由も含まれる。これは苦痛なものであったに違いない。

　こうした政治的なコストはNVGの利益が増えるに従い大きくなった。2001年初頭までに、NVGのポートフォリオの価値は2億ドルにまで増加した。これには現在ベンチャーとして投資しているものに加え、ルーセントによる再取得されたもの、外部に売却されたものを含む。NVGのパートナーはポートフォリオの価値増加に比例してボーナスを受け取った。NVGの社長であるUhlmanはルーセントの中で最も多くのボーナスを受け取った社員のひとりである。[※10]

　しかしルーセント本体は、2001年には苦しんでいた。ルーセントはリストラ費用として114億ドルを計上した。そして39,000人の従業員をレイオフした。[※11] ルーセントの役員は解雇されなかったが、ボーナスを受け取れなかった。Uhlmanたちは、ルーセントの役員のように1997年から2000

年の間ボーナスを受け取っていなかったが、こうしたことは忘れられ、2001年にレイオフを行っているにもかかわらず、Uhlmanたちがボーナスを受け取っていることのみが批判された。

　もちろん、NVGの役員のボーナスは、NVGが大きな価値を創造したために得る報酬である。問題は、NVGのポートフォリオの価値が、ルーセントの株主に対してどういう意味を持つのかであった。[※12]

　ウォール街のアナリスト Edward Snyder（Chase H&Q シニアアナリスト）によれば、ルーセントの企業価値にはルーセント自身の活動のみが考慮されており、NVGの活動はほとんど考慮されていないという。[※13] すなわち、NVGのようなベンチャーの価値を株主にとっての価値としてカウントするのは困難だというのである。ゆえに、もしNVGのようなベンチャーの価値を考慮してほしいならば、ウォール街のアナリストに対して、NVGのおかげで将来のパフォーマンスが上昇することを説明する必要があるが、こうしたベンチャー企業には不確実性が高いので、これは困難なことであった。

　こうした中で、2000年にルーセントの役員が大幅に交代したため、NVGは新役員に対してNVGの価値や独特のボーナス体系を説明する必要に迫られた。しかし、NVGの価値創造がどのようにしてルーセントの株主の価値上昇につながるのか、説明することは困難であった。

夢のイノベーション・モデルのレクイエム

　ルーセントが財務面で問題を抱えたため、NVGとルーセントの間の緊張感は高まった。ついに2002年1月に、ルーセントはNVGの27件のベンチャーに対する権利の80％を外部のColler Capitalに売却した。ルーセントは1億ドル弱を受け取った。NVGの役員はルーセントをやめ、Coller CapitalのためにNVP（New Venture Partners。NVGから改称）のマネジメントに留まった。NVPがベル研究所のテクノロジーについて新たなべ

ンチャーを設立するかどうかは今後の課題とされたが、NVPは他の研究所とも共同プロジェクトを探し始めた。

XeroxとルーセントでXeroxとルーセントで社内ベンチャー・キャピタルの経験が豊富なAndrew Garmanは言う。

> NVGのようなビジネスモデルを続けることは困難である。ベンチャーが大企業の一部であるときは、成功することが良いこととは限らない。成功したベンチャーにもっと多く投資するように、株主からプレッシャーがかかり、他のプロジェクトを維持することが困難になるからである。米国における研究開発投資は減少傾向にある。ウォール街は、シスコのような、研究開発をアウトソースするビジネスモデルを評価する。ゆえに、研究開発投資は減少し、研究員を雇い続けるのも困難になる。今後に成り立ちうるビジネスモデルとしては、こうしたベンチャーを複数の企業が活用することである。NVGがルーセントだけでなく、他の企業のためにも活動するといったかたちが考えられる。[※14]

Garmanの言う複数企業のために活動するベンチャーといったビジネスモデルは正しいかもしれない。いずれにせよベル研究所にとっては失うものも大きかった。ルーセントがNVGを売却したおかげで、新たなテクノロジーをもとにベンチャー企業を作る手段を失った。ベル研究所はこれからも新たなテクノロジーを生み出しつづけるだろう。しかしベル研究所とルーセントのビジネス部門との断絶により、そのテクノロジーがマーケットに出るのは困難になった。セカンド・オピニオンを得る道も閉ざされてしまった。

■株主にとっての価値創造と社内イノベーション

社内ベンチャー・キャピタルの利益に株主がどこまで関与できるのかは難しい問題である。企業が保有するベンチャーの価値を、株主への価値に換算するのは容易なことではない。これはベンチャー設立段階でも問題となる。初期の研究開発投資はその生み出す利益、キャッシュ・フロー等の

不確実性が高いため、株主に対してその価値を説明することは困難となる。新たなベンチャーに投資しようとする企業は、こうした株主とのギャップを埋める必要がある。

ひとつの方法に、イノベーション債（innovation bond）を発行することが考えられる。[※15] これにより、社外のベンチャー・キャピタルなどの投資家から資金を7年から10年満期で集める。社内ベンチャーがテクノロジーを商品化することにより得られるキャッシュ・フローを債券の投資家に分配するという仕組みである。

こうしたベンチャーのイノベーションからもたらされるキャッシュ・フローは外部のアナリストにより評価可能であり、ルーセントの株価にも反映されることになる。このようにして、ベンチャーの価値とルーセントの株主価値がリンクされるのである。

ある意味では、ルーセントがNVGをColler Capitalに売却したこともこれに似たことである。ルーセントは一括で1億ドルを手に入れた。この価値はルーセントの株価にも反映されたのである。

ルーセントはNVGを活用したビジネスモデルにより大きな利益を得た。しかし、それを維持できなかった。ベル研究所のテクノロジーを迅速にマーケットに出す仕組みは失われてしまったのである。

脚注

※1 Henry Chesbrough and Stephen Socolof, "Creating New Ventures Out of Bell Labs Technology," *Research-Technology Management*, March 2000, 1-11.

※2 Z. Block and I. Macmillan, *Corporate Venturing: Creating New Businesses Within the Firm* (Boston: Harvard Business School Press, 1993). Henry Chesbrough, "Designing Corporate Ventures in the Shadow of Private Venture Capital, *California Management Review* 42, no. 3 (2000):31-49. Chapter 7 of Paul Gompers and Josh Lerner, *The Money of Invention: How Venture Capital Creates New Wealth* (Boston: Harvard Business School Press, 2001). H. Sykes, "The Anatomy of a Corporate Venturing Program: Factors Influencing Success," *Journal of Business Venturing* 1 (1986):275-293.

第7章 企業内部のテクノロジーによる新たなベンチャー企業の創造

※ 3 David Liddle, quoted in Deborah Claymon, "David Liddle Forsakes Corporate Research for Independent Interval," *Red Herring*, August 1998, <http://www.red-herring.com/mag/issue57/profile.html> (accessed 27 September 2002).

※ 4 Lucent Technologies, "Creating New Ventures at Lucent: An Overview," company document, August 1999, Lucent Technologies, quoted in Chesbrough and Socolof, "Commercializing New Ventures from Bell Labs Technology: The Design and Experience of Lucent's New Ventures Group," *Research-Technology Management* 43 (2000): 1-11.

※ 5 Steve Socolofとのインタビュー (Murray Hill, NJ, 7 December 2000)。

※ 6 ただし、適正な価格を知るためには外部の企業から買収提案を受ける必要があり、そのためには実際にいくつかのベンチャーは外部に売却されることが必要である。

※ 7 Lucent Technologies, "New Ventures Group 2000 Results," internal company document, 12 October 2000.

※ 8 Andrew Garmanとのインタビュー (Murray Hill, NJ, 8 December 2000)。

※ 9 前掲

※ 10 Andrew Garmanとのインタビュー (Murray Hill, NJ, 8 December 2000)。"Lucent Technologies: The Future of the New Ventures Group," Case 9-601-102 (Boston: Harvard Business School Press, 2001).

※ 11 Lucent Technologies, "Results of Operations," in *2001 Financial Review: Management's Discussion and Analysis of Results of Operations and Financial Conditions*, <http://www.lucent.com/investor/annual/01/financial_review/02_result_ops_c.html> (accessed 27 September 2002).

※ 12 Steve Socolofとのインタビュー (Murray Hill, NJ, 9 November 2000)。

※ 13 Edward SnyderによるTony Massaroとのインタビュー(Palo Alto, CA, 2 March 2001)。

※ 14 Andrew Garmanとのインタビュー (Murray Hill, NJ, 8 December 2000)。

※ 15 不確実なベンチャー企業の活動を資本市場により評価させようとするものである。また、ベンチャー企業からのパフォーマンスにリンクしたトラッキング・ストックを発行することも考えられる。

第8章
知的財産権のマネジメント

- ■ 知的財産権のマーケット
- ■ 知的財産権のマネジメント戦略
  - 特許はどこからくるか
  - 知的財産権戦略の実例——*Millennium Pharmaceuticals*
  - 知的財産権戦略の実例——*IBM*
  - 知的財産権戦略の実例——インテル
- ■ 知的財産権の評価はビジネスモデルが不可欠

第7章において、ルーセントがベル研究所のテクノロジーをマーケットに出すために、ベンチャーを設立しスピンオフする方法を紹介した。本章ではこれ以外の方法として、テクノロジーのライセンスについて述べる。
　テクノロジーのライセンスは、知的財産権のマネジメントにおいて非常に重要な手段である。知的財産権のマネジメント方法は、企業がクローズド・イノベーションを採用するか、オープン・イノベーションを採用するかで異なっている。クローズド・イノベーションにおいては、アイデアの利用は自社のみが行うことが原則であるため（第2章参照）、知的財産権はアイデアを他社に利用させないために用いられる。しかしオープン・イノベーションにおいては、アイデアを他社に利用させることも想定される。企業は知的財産権の買い手になったり売り手になったりする（第3章参照）。企業は知的財産権を自社のビジネスに活用するのみならず、他社に使用させることにより利益を得るのである。
　ビジネスモデルも知的財産権のマネジメントに影響を与える。第4章では、自社の創造したテクノロジーにより利益を得ることができるかどうかはビジネスモデルに依存することを述べた。本章ではこうした分析をさらに進め、外部の知的財産権にアクセスすることによりどのように価値を創造するかや、他社のビジネスモデルの限界を理解することにより、知的財産権を用いて価値を獲得することができることを述べる。
　知的財産権とビジネスモデルの関係は見過ごされていることが多い。「アメリカにおいては1兆ドルの特許が活用されずに放置されている。株主の利益を最大化するプレッシャーが高い企業では、こうした活用されていない資産の存在は、CFO（最高財務責任者）の目が悪いか、さもなければ、稀に見るチャンスである」。[※1]
　このように、知的財産権のポテンシャルをうまくマネジメントすれば莫大な価値を生み出すと考える者は多い。確かに、企業の保有する知的財産権には潜在的な価値があり、それらは実現されていない。しかし、本章でこれから述べるように、多くの知的財産権は無価値であり、事前にどれだ

けの価値があるか判断することも困難である。また、知的財産権の価値はビジネスモデルと独立に判断することも困難である。第4章でも、テクノロジーそれ自体には価値はなく、ビジネスモデルにより商品化されてはじめて価値を生み出すことを述べた。Xerographyその他のPARCからスピンオフされたテクノロジーのように、異なるビジネスモデルを通じて商品化されたテクノロジーは異なる価値を生み出す結果となることもある。本章の重要な結論は、知的財産権の価値はビジネスモデルに依存するということである。これまで知的財産権のマネジメントについて述べた書物は、知的財産権それ自体に価値があることを前提としてきたが、これには重大な認識の誤りがあったのである。[※2]

　本章では、まず、知的財産権のマーケットについて述べた後、ビジネスモデルがどのようにして企業を知的財産権の買い手または売り手にするのかについて述べる。そして企業がどのようにして知的財産権をマネジメントすべきかについて述べる。これまで知的財産権のマネジメントはクローズド・イノベーション・パラダイムに支配され、いかに知的財産権を排他的にコントロールするかが重視されてきた。本章ではオープン・イノベーション・パラダイムにより、これまでとは全く異なる知的財産権のマネジメントについて述べる。テクノロジーから利益を得るためには、企業は最適なビジネスモデルを構築する必要がある。さもなければ、他社のビジネスモデルに価値を奪われてしまう。また、ときには、知的財産権をコントロールし続けるよりも、売却するほうが利益を上げることができる場合もあるのである。

■知的財産権のマーケット

　まず、知的財産権の定義からはじめよう。すべてのアイデアが知的財産権として保護されるわけではない。また保護すべきアイデアも保護されない場合もある（図表8-1）。知的財産権はアイデアの部分集合であり、新

図表8－1 アイデアと知的財産権

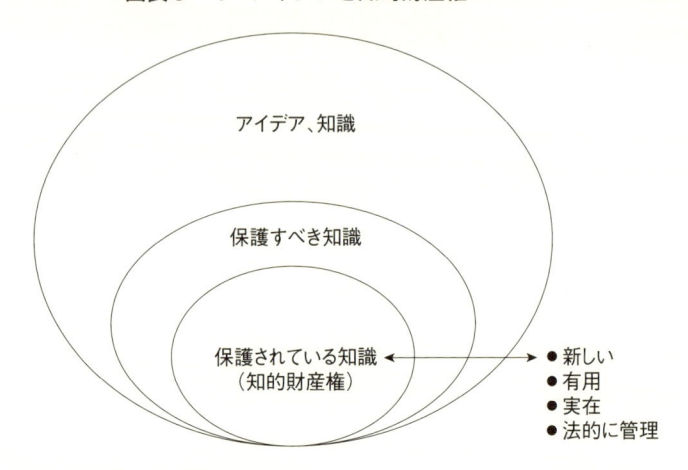

- アイデア、知識
  - 保護すべき知識
    - 保護されている知識（知的財産権）← ● 新しい
                                      ● 有用
                                      ● 実在
                                      ● 法的に管理

しく、有用で、実在し、法的に管理されているものである。[※3] 知的財産権は特許のほかに著作権や企業秘密、トレードマークといったものを含むが、本章では特許を念頭において議論する。特許は知的財産権の代表的なものであるが、本章で述べる特許のマネジメントは、他の知的財産権のマネジメントにも適用可能である。

特許とライセンスのマーケットは巨大である。世界の特許マーケットのメインプレーヤーは米国、日本、EUであり、これらが1,420億ドルの特許料の90％を占めている（米国商務省経済分析局調べ）。[※4] 1998年には米国が最大の360億ドルの特許料を海外から受領している一方、米国が海外に支払った特許料は113億ドルである。これらの差は、最大の米国特許の使用者である日本が45％、韓国が18％を占めている。[※5]

このように、特許のマーケットは巨大であるが、多くは同一企業の異なる国に存在する子会社間での特許料の支払いによるものである。米国では1998年において海外にライセンスされたものの73％はこうした子会社間の取引である。[※6] こうした取引は節税などが目的とされているが、これについては本章の範囲外である。

このように特許マーケットは巨大であり成長している。1996年に米国企

業が内外の非子会社から受け取った特許料は 660 億ドルであり、年率 12% で成長している。企業は特許料により大きな利益を上げている。IBM は 2001 年の特許料の受取りが 19 億ドルにものぼる。ルーセントも同年 4 億ドルを受領している。Texas Instruments 社は、1980 年代の純利益の半分以上が特許料によるものである。[7] このように、知的財産権は大きな利益につながる。

知的財産権は大きな利益につながるが、知的財産権のマネジメントには改善の余地が残されている。1998 年の調査によると、特許を保有する上位企業においては、その特許の 60% しか活用されておらず、残りは他社にライセンスされることもなく企業内で放置されている。[8] 企業が利益に敏感になるにつれて、活用されていない知的財産権のマネジメントについて考えるようになる。しかし、次節で述べるように、多くの特許はさほどの価値をもたない。ゆえに、知的財産権のマネジメントをいかに改善したとしても、残る 40% の特許のうち価値のあるものは少ない。

さらに、企業は知的財産権を他社に売却することに注目はしても、知的財産権を他社から購入することにはほとんど注意を払わない。しかし、これは重大な誤りである。企業は他社のテクノロジーを利用することにより、自社でテクノロジーを開発しなくとも大きな利益を上げることができる。知的財産権のマネジメントにおいては、知的財産権の売却とともにその購入も重要な要素なのである。

■知的財産権のマネジメント戦略

特許は伝統的に、他社を自社のテクノロジーから排除するための法律的な枠組みとして、ビジネス戦略に活用されてきた。これは、垂直統合により、企業内で安全に知識を移転させる方法が採用されてきたのと同じである。[9] このように、クローズド・イノベーションの時代においては、特許は参入障壁と認識されており、利益の源泉としては認識されていなかった。

1990年代になると、知的財産権は利益の源泉であり、企業価値を増加させる手段として認識されるようになった。自社内で活用されていない知的財産権を他社にライセンスして利益を上げることは、企業戦略の重要な一部になった。Dow Chemical といった企業は特許保有を整理することにより、特許の保有コスト（申請料、翻訳料、年次更新費用等の管理費用等）を減らす戦略を採用した。[10]

しかし、こうした管理費用等は特許保有コストのごく一部にすぎない。知的財産権が価値を創造する反面として、知的財産権にかかる大きなコストが存在する。米国では、特許の6%は何らかの訴訟に関係しており、これに関するコストが必要となる。[11] 1990年代では特許侵害に関する賠償金は1,000万ドル台であり、1億ドルを超えるものもあった。[12] こうしたコストは米国の研究開発費用の25%に相当した。[13]

特許が増えてくると、それらは複雑に絡み合い、誰がどのテクノロジーの特許を保有しているのかわかりにくくなってくる。特許訴訟の判決が出るまでは、特許が誰に属するのかはっきりとはわからない。ゆえに、他社の特許を侵害している可能性があっても自主的に金を払うことはなかった。実際、特許を保有する企業の主たるビジネス分野以外の分野で特許が使われている場合、特許を侵害されていることに気づくことは困難であった。しかし、訴訟は特許の価値を実現する最後の手段である。通常、特許の保有者は、クロス・ライセンスや提携、遡及的特許料といった手段により、訴訟以外の手段で特許使用者から特許料を徴収する。[14]

特許はどこからくるか

知的財産権のマネジメントに関する分析の多くは、企業が特許を取得してから後について分析しており、特許を得る段階の分析をしたものは少ない。しかし、特許を得る段階の分析をすることも知的財産権のマネジメントを理解するために有用である。

第8章 知的財産権のマネジメント

　以下に特許を得るプロセスをみてみる。第一ステップは従業員が新たなアイデアを発明したという報告である。報告を受けた企業（アイデアの法的な所有者である）は、特許を申請するかどうか判断する。場合によっては、アイデアは企業秘密とされたり、全く秘密とされないこともある。後に述べるように、アイデアを公表することがベストの選択である場合もある。

　特許申請を決定すると、弁護士と相談し、特許庁に申請をすることになる。特許庁は申請を審査し、しばしば追加的な資料（既存の特許と異なっている点の説明等）の提出を求める。アイデアが斬新で有用と判断されれば、特許庁は特許を認める。米国特許庁によれば、申請から特許の承認まで平均して25カ月を要し、費用は15,000ドルから50,000ドルかかる。[※15]

　特許を取得した後のマネジメントとしては、まず、多くの特許はほとんど価値がないという事実を認識する必要がある。たとえば、米国の6つの一流大学の調査によると、特許料の支払いの92％は、全体の10％の特許によるものである。逆にいうと、90％の特許から得られる特許料は全体の8％に過ぎない。他の調査でも同様の結果が出ている。[※16] すなわち、多くの特許はほとんど価値がないということである。

　また、特許の価値を事前に知ることも困難である。特許申請には費用がかかるので、企業は価値の低い特許申請は避けたいと考える。しかし、特許の価値を事前に知ることは困難なことである。

　第4章で述べたように、テクノロジーは効果的なビジネスモデルによりマーケットに出されて初めて価値を生む。すぐれた科学的発明も、商品化に結びつかなければ、商品価値を測ることは困難である。また、こうした発明はほとんど価値がないことが多い。一部の発明のうち有効なビジネスモデルによりマーケットに出されたもののみが、大きな価値を生むのである。

　こうしたことから、知的財産権のマネジメントには、まず適切なビジネスモデルを構築することからはじめなければならない。企業で生まれた新

たなアイデアは、その企業のビジネスに価値をもたらすかどうかでその価値を判断すべきである。ゆえに、企業はその研究員に対して、もっとビジネスモデルとの関係を考慮するように指導すべきである。

しかし、ハイテク企業に対する非公式の調査によると、企業はその研究員に対して、イノベーションと企業のビジネスの関係について教育を行わない。[17] 研究員とビジネス戦略の実行部隊は隔離されているのが通常である。

また、特許の可能性のある発明をした従業員に対する報酬についても、改善の余地がある。私が勤めていたQuantum社においては、新たなアイデアを発明し、特許を申請できた場合には500ドルのボーナスが与えられる。特許が認められればさらに1,000ドルと楯がもらえる。それだけである。そのアイデアが会社のビジネスにどのように貢献したのか、評価されることはない。

また、Xeroxにおいても、特許を申請できるようなアイデアを発明した場合には500ドルのボーナスが出る。それで終わりである。10のアイデアを発明すれば、5,000ドルのボーナスと、同じように10のアイデアの発明者とのディナーに招待される。それで終わりである。ここでも発明されたアイデアが会社のビジネスにどのように貢献したのか、評価されることはない。他の会社でも、「発明の殿堂」のような制度があったりするが、やはりビジネスにどのように貢献したかは評価されない。唯一の例外はIBMとルーセントである。これらの企業では特許の戦略への効果を特許が承認されてからかなり後に評価した例が数件あるということである。図表8－2にアイデアの発明者に対する報酬に関する私の調査結果を示す。

比較のために、スタンフォード大学における発明者に対する報酬についても示している。[18] これは他の企業のものとは大きく異なっている。スタンフォード大学では、特許申請や特許承認段階での報酬はゼロである。しかし、特許に対する特許料受取りが発生すれば、その3分の1が発明者に入ることになる。また、発明者の所属学部が3分の1、大学が3分の1

図表8－2　発明者に対する報酬制度

企業	特許申請時の報酬	特許承認時の報酬	その他報酬	その他報酬の説明
HP	$1,000	なし	なし	
IBM	$1,500	$500	$25,000	例外的な特許（事後評価）
ルーセントベル研究所	$500	なし	$10,000	戦略的に重要な特許（事後評価）
マイクロソフト	$500	$500	なし	
Quantum	$500	$1,000	$5,000 $10,000	5、10、15、20件目の特許毎に付与
Seagate	$500	$1,000	$5,000	10件目で殿堂入り
サン	$500	$2,000	なし	
スタンフォード大学	なし	なし	特許料の1/3	学部が特許料の1/3、大学が特許料の1/3を受領

を受け取ることになっている。

　こうしたインセンティブは（スタンフォード大学のものを除く）さほど大きなものではない。むしろ最低限ともいえる。もし知的財産権が企業において最も重要なものであるとするならば、もっとインセンティブを与えるべきであろう。一方で、知的財産権はそれをビジネスモデルを通じて商品化することが重要だとすれば、こうした最低限のインセンティブの現状も理解できる。価値はビジネスモデルにより創造され獲得されるのであり、テクノロジー自身に価値はないからである。このように考えれば、企業は、より効果的なビジネスモデルの創造に対するインセンティブの付与を検討すべきである。

　こうした報酬制度の分析には、なお欠けているものがある。社外の有効な知的財産権へのアクセスに対する評価である。知的財産権は社外のものであっても自社のビジネスモデルを通じて価値を生み出すことがある。であれば、企業は社内の研究員に対して、社外のテクノロジーを調査し、自社にとって有効なテクノロジーが見つかれば社内に取り込むことを検討させるべきである。こうした調査は、翌年度の研究開発計画を立てる前に行っておくべきものである。

知的財産権戦略の実例——Millennium Pharmaceuticals

　知的財産権のマネジメントにおいてオープン・イノベーションの原則を適用している企業は少数である。こうした少数の企業では、社内と社外の知的財産権を利用して自社のビジネスモデルと結合させる努力をしている。以下ではこうした企業の例をみてみる。[19]

　Millennium Pharmaceuticals は薬品メーカーの中では比較的若い企業であるが、急速に業界内での地位を確立した企業である。1993年に設立され、2000年末の企業価値は110億ドルである。[20] 2000年に株式分割を二度行っている。しかも、同社は商品・薬品を1つも売らずに、ここまでたどり着いた。同社の主たる業務は、生物学的な薬品合成の可能性を分析し、その分析を他社にライセンスすることである。Millennium はオープン・イノベーションにより知的財産権マネジメントを行った非常に意義深い例である。

　かつて、薬品メーカーのために薬品合成の研究分析をする CRO（Contract Research Organization）とよばれる契約調査会社が多く存在した。CRO は調査毎に契約をし、調査にかかった費用を薬品メーカーに請求した。CRO は小さい会社であり、知的財産権のコントロールができなかったので、低マージンの仕事しかできなかった。

　特に CRO にとって問題だったのは、研究成果である知的財産権が、依頼主である薬品メーカーのものになる契約となっていたことであった。これはクローズド・イノベーション的発想である。ゆえに、CRO は自ら生み出した知識をベースにビジネスを発展させることができなかった。

　Millennium も同様の CRO としてスタートした。しかし、こうした知的財産権のコントロールができない状況から脱出した。

　Millennium は、依頼主である薬品メーカーが研究成果のうちそのビジネスモデルに合ったものしか使用しないことを発見した。依頼主のビジネス

モデルに合わない部分は活用されないのである。1994年にHoffman-Roche（現在のRoche）との契約において、Millenniumは肥満と糖尿病に関する研究を行った。Rocheは肥満と糖尿病に強い興味を持っていた。

しかし、Rocheは肥満と糖尿病以外の病気、たとえば心臓病などには興味を持っていなかった。そこで、Millenniumは、肥満と糖尿病に関する研究成果については従来どおりRocheに知的財産権を譲るが、その他の病気に関する知的財産権はMillenniumが保有するという契約を締結した。

この契約はRocheにとっても有利であった。Rocheは肥満と糖尿病に注力していた。この分野ではFDA（Food and Drug Administration、米国食品医薬品局）の承認への対応や医師とのネットワークに優れていた。しかし、Xeroxと同様に、Rocheもそのビジネスモデルの範囲外の分野には興味を示さなかった。分野外の知的財産権をMillenniumに保有させることにより、肥満と糖尿病に関する研究成果を割安で手に入れることができた。契約内容は従来よりもかなり割安なものとなっていた。[※21]

この契約によりMillenniumはCROの伝統から脱出することができた。そして、Millenniumの知識が大手薬品メーカーにも有効であることを示すと同時に、特定分野の知識を割安に提供するかわりに、他の分野についてはMillenniumが権利を保有することが、ビジネスモデルとして確立された。その後、MillenniumはSame様の契約をEli Lilly、Astra AB、Wyeth-Ayerst、Monsanto、Bayerといった会社と締結した。[※22]

契約に当たっては、Millenniumは依頼主のビジネスモデルを詳細に分析した。これにより、依頼主がどのようにして価値を創造しているか把握すると同時に、そのビジネスモデルの範囲外の分野でMillenniumがどのような価値を得ることができるかを調査した。[※23]

Millenniumは1998年にBayerと契約を締結した。これはMillenniumが225の遺伝子やタンパク質の研究成果を5年間Bayerに提供するもので、Bayerの研究開発の半分近くを委託されたものであった。Bayerは契約時に3,300万ドルを支払い、さらに2億1,900万ドルを研究開発、ライセンス

費用として支払うほか、パフォーマンスにより1億1,600万ドルのボーナスを約束した。さらに、225の研究成果のうちBayerのビジネスモデルに合わない90%近くのものをMillenniumに返却することになっていた。

このような契約を進めることにより、Millenniumには依頼主が活用できない知的財産権が積み上がってきた。

Millenniumはまた、テクノロジーのマネジメントにもオープン・イノベーションを活用した。Millenniumの研究開発は評判が上昇していたので、クローズド・イノベーション的に行動しても良さそうなものであった。

しかし、Millenniumは異なったアプローチを採用した。1995年にEli LillyはMillenniumのDNAの配列テクノロジーに興味を示し、その遺伝子発現分析技術のライセンスを受けようとした。Millenniumは、こうした技術は日々進歩しているので、大きな研究開発投資をする必要があると考えていた。しかし、こうした投資資金を提供してくれる大企業は少なかった。Eli Lillyとの契約により、Millenniumは2つの主要なテクノロジーをEli Lillyにライセンスするが、そのテクノロジーの権利自体は引き続き保有した。また、この契約から得た利益によりMillenniumは新たな投資をすることができた。この契約を担当したMillenniumのSteven Holtzmanによると、「Millenniumはこの契約において、自社の競争優位（competitive advantage）は、テクノロジー自体ではなく、テクノロジーのビジネスへの応用であると考えた。そのためには、研究開発の資金を安定的に得なければならない。ゆえにテクノロジーをライセンスすることにしたのである」。[※24]

また同様のことがMillenniumとMonsantoとの間の農業製品に関する契約においてもいえる。Millenniumは自社のビジネスモデルではそのテクノロジーを農業製品の分野に応用することは難しいと考えていた。農業分野の将来性は期待されたが、Millenniumはこの分野に関する経験や知識がなかった。Monsantoが1997年にMillenniumのテクノロジーのライセンスを求めてきたとき、Millenniumはテクノロジーと資金とを交換する良い

機会であると考えた。契約により、当初3,800万ドル、5年間で1億8,000万ドルの支払いを受けることとした。これにより、Millenniumはさらにテクノロジーの研究開発を進める資金を得ることができた。また、テクノロジーの研究開発を進めることにより、さらに別の企業との契約も期待できた。

こうした契約はMillenniumの相手方にとっても利益があったのだろうか。Bayerのケースでみてみると、2002年までに、Millenniumは180の成果をBayerに提供した。そのうち6つは有望であり、1つは臨床へ応用するに至った。[25] Monsantoのケースでは、Millenniumが一定の目標に到達すれば2,000万ドル支払う約束となっていた。これまで、毎年Millenniumは目標に到達しこの支払いを受けている。こうしてみると、Millenniumの相手方にとってもそれなりの利益があったといえるだろう。

2000年までに、Millenniumはビジネスモデルをシフトさせるのに十分な知的財産権を保有するようになった。もはや、単なる契約調査会社ではなく、最新のテクノロジーを持ち「遺伝子から患者まで」すべてを対象とする総合医薬品メーカーに転換した。[26] そして、新たな投資を行い新たなリスクを取っていくことにした。こうした大きな転換は、知的財産権のマネジメントを成功させなければ実現できなかっただろう。

知的財産権戦略の実例――IBM

1995年から2001年の間、IBMは米国有数の特許保有企業であった。ゆえに、知的財産権のマネジメントについても豊富な経験があった。2001年には、IBMは19億ドルのライセンス料を受け取っていたが、これは税引前利益の17%に相当した。これだけの利益を上げるのに、通常のビジネスでは150億ドルもの売上げが必要であった。[27]

IBMは世界一の特許保有企業であったが、IBMは知的財産権を他社の排除のためではなく、自社のビジネスを成長させるために利用した。IBM

の知的財産権戦略を述べると丸々1章を割かなければならないので、ここではオープン・イノベーションと関係の深いもののみに注目することにする。まずは、IBMの知的財産権マネジメントの実際からみてみよう。

　米国特許庁は、特許が承認されると、それを電子的に公表する。誰でも、インターネットで特許を検索することができる（http://www.uspto.gov）。このように特許の公表・検索は政府の仕事なので、民間の参入の余地はないと思われるかもしれない。しかし、特許をオンラインで検索すると、それが不完全であり、全く役に立たないことに気づくだろう。そこで、IBMは特許のデータベースをオンラインで提供することにした。もとになっているデータは同じであるが、IBMは検索が便利となる仕組みを提供している。

　なぜIBMは公共データベースに付加価値をつけようとしたのだろうか。IBMが世界一の特許保有者であり巨額のライセンス料を得ていることを思い出してもらいたい。便利な検索機能を提供することにより、研究員や弁護士にとっても特許（IBMの特許を含む）の検索が容易になる。これはIBMの保有する特許の価値も高めることになる。これはインテルがPentiumシステムの成長のためにコンピュータ関連企業に投資するのと同様のやり方である。IBMは特許マネジメントを成長させるために社内の資源を使っているのである。

　最近のIBMでは特許のWeb検索サービスは、独立した事業となっている。Internet Capital Groupと提携し、3,500万ドルを投資してスピンオフ企業Delphionを立ち上げた。Delphionの提供する「知的財産権ネットワーク」は世界で最もポピュラーな特許検索サービスである。IBMはこのサービスの有力な顧客であるが、もはや社内の資源を投資しているわけではない。

　IBMの知的財産権マネジメントにおける第二の特徴は第5章で述べた。IBMはテクノロジーや部品をコンピュータメーカーに販売してきた。たとえば、IBMはその半導体製造設備において、他社のために他社仕様のチッ

第8章　知的財産権のマネジメント

プを製造してきた。これにより、巨額投資を要したIBMの設備の使用効率を上げることができ、またIBM製品のコストも下げることができた。

　IBMはその半導体製造設備を他社に提供する際に、リーズナブルなマージンを請求したが、そのマージンの一部は知的財産権によるものである。たとえば、Tensilicaのようなベンチャー企業が低消費電力のマイクロプロセッサ分野でインテルに対抗する場合、インテルが特許訴訟で対抗してくることに気をつけなければならない。マイクロプロセッサやその製造工程は非常に複雑なので、ベンチャー企業の活動が他社の知的財産権を侵害しないよう注意することは困難である。さらに悪いことに、インテルは知的財産権侵害に関する訴訟に熱心なのである。

　そこでIBMが登場する。IBMは長年にわたって数多くの半導体関係の特許を保有している。IBMは多くの大企業（インテルを含む）とクロス・ライセンス契約を結び、他社の知的財産権にアクセスすると同時に自社の知的財産権を提供し、特許料を受け取っている。こうした契約のネットワークを維持しているIBMは、ベンチャー企業にとって安全なパートナーとなる。IBMはTensilicaのチップを製造し、マージンを受け取る。Tensilicaは単にIBMの製造能力を購入しているだけではなく、知的財産権に関する保険も購入しているのである。

　IBMはシスコやデル・コンピュータのような大企業との長期契約も締結している。IBMは、主要な部品をこれら企業に提供し、また知的財産権に関する訴訟からの保障も提供する。IBMは部品提供に関しては、他社とは違い、知的財産権に関する強みがある。IBMは知的財産権を多く保有しているため、複雑な製品を提供する際に、他社から特許侵害として訴えられることは少ない。逆にいうと、IBM以外の会社から部品を購入する場合、知的財産権に関するリスクも負わなければならないということだ。そして、IBMの知的財産権を侵害していれば、いずれにせよIBMに支払いをしなければならないのである。

知的財産権戦略の実例――インテル

インテルはIBMやAT&Tのような伝統的な自社内研究開発投資を行ってこなかった。しかし、IBMほどではないが、多くの知的財産権を保有している。そして、知的財産権の活用についても革新的な方法を採用している。インテルの知的財産権へのアプローチのひとつは、競争相手に対して攻撃的な姿勢で権利を防御することである。AMDとの争いは10年以上も続いている。インテルはAMDがインテルのPentiumをコピーするのをあらゆる手段を用いて遅らせようとしている。また、インテルの従業員が独立してベンチャー企業を立ち上げた場合も同様である。[※28]

しかし、インテルの知的財産権マネジメントは、クローズド・イノベーションを超えている。第6章で述べたとおり、インテルは他社の知的財産権も自社のビジネスに効果的に活用する。

インテルが他社の知的財産権を活用する例としては、第6章で述べた大学の研究成果の活用がある。インテルは大学での研究に対して巨額の援助をするが、全く自由な研究をさせるわけではない。インテルの資金による研究成果については、インテルがアクセス可能とするような同意書を事前に締結する。すなわち、その研究成果について後に特許が認められれば、インテルは無料で使用することができることを、事前に約束させるのである。

このインテルのアプローチについて、そのロジックを検証してみよう。インテルは資金提供した大学の研究成果を保有したり、コントロールするわけではない。しかし、インテルが無料でその研究成果を使用することが保証される。前述したように、この方式により、インテルは大学の最新の研究分野にアクセスすることができる。インテルに対する資金提供依頼書を読むだけでも、資金を提供する前に、テクノロジーのフロンティアを知ることができるのである。また、資金提供を通じて、大学における研究状況のモニタリングもすることができ、いち早く研究成果に対してアクセス

第8章　知的財産権のマネジメント

することができる。

　こうしたアクセスにはコストがかかる。大学に提供する資金はもとより、大学での研究をモニタリングするためのスタッフも必要である。また、インテル内部の研究部門に大学から研究成果を取り込むための費用もかかる。しかし、こうした費用の見返りとして、インテルは大学のスポンサーや研究成果のユーザーとして、強力なコネクションを確立することができるのである。

　インテルは、半導体メーカーとしての強みやWintel PCアーキテクチャでの中心的存在であることにより、他社のテクノロジーをビジネスに活用し続ける。インテルは合理的な条件であれば、どのようなところからでも知識を吸収する。

　インテルはまた、知識の普及にも影響を与える。そのひとつのメカニズムは、研究成果を特許として秘密にするのではなく、公表することである。インテルは"Intel Technical Journal"を発行し、インテルにおける発明を公表している（http://www.intel.com/technology/itj/index.htm）。

　特許と違って、公表することはまさにオープン・イノベーションである。クローズド・イノベーションでは、新たなアイデアに対して、それを他社から守り、他社が使用することを排除しようとする。他社を排除するために、政府から特許を得ようとする。こうした特許により、インテルは他社との間にクロス・ライセンスを締結し、インテルが特許侵害訴訟を起こされることを防ぐ。

　オープン・イノベーションでは、知識のうち基本的な部分のみ特許とし、その他は公表することがある。知識が普及している現代では、新たなアイデアから他社を排除しつづけることは不可能である。知識を独占するよりも、知識を普及させたほうが、自社のビジネスに利益があるのではないか。知識が普及してしまえば、ライバルによって脅かされることはないのである。

　どのような場合に特許を取得し、どのような場合に公表すべきなのだろ

うか。これは企業のビジネスモデルに依存する。ビジネスモデルは企業がバリュー・チェーンを通じて価値を創造し、そのうちの一部で利益を獲得するのに必要なのである。

バリュー・チェーンを通じて価値が増し、補完材が生まれてくるような知識は、公表に適している。一方で、企業がバリュー・チェーンの一部で利益を獲得する際に用いる知識は、特許を取得しておくべきである。

しかしインテルには他の点でリスクがあった。最大の問題はテクノロジーの進化がMooreの法則に追いつかなくなることである。インテルの優位性は製造工程、マーケティング、アーキテクチャにあったので、テクノロジーの進化が遅くなると、その優位性はなくなってしまう。昨年インテルが製造したチップが、今年製造するチップと競合するようになる。ユーザーもコンピュータの更新を控えるようになる。コンピュータが時代遅れになるのが遅くなるからである。そして、他社もインテルと競争することが容易になる。インテルの優位性に追いつく時間が稼げるからである。PCのマーケットが成熟するにつれて、インテルにとっては、テクノロジーの進化の遅れのほうが、知識を公表するよりもリスクと感じるようになった。

他の企業も、同様の「公表―特許アプローチ」により、独自のテクニカル・ジャーナルを発行するまでもなく、利益を上げることができる。特許を申請するには数万ドルもの費用と、平均25カ月の日数がかかることを思い出してもらいたい。これらは、小さな企業、進歩の速い業界においては耐えがたい負担である。ゆえに、企業にとっては自らの知識を直ちに使用でき、他の企業が時間と金をかけて特許を取得するのを防ぐメカニズムを必要とした。現在、いくつかの団体が「公表」を用いたメカニズムを安価に提供してくれる。

一例としてIP.com（www.ip.com）がある。たった155ドルで、企業はこのWebサイトに文書を掲示することができる。掲示された文書は公表されたことになる。IP.comは米国、ヨーロッパ、ドイツ、ハンガリーの特

許庁とリンクされており、特許申請はIP.comに既に公表されている文書と重複していないか検索される。IP.comを活用することにより、アイデアを公表した企業は、後から他の企業が特許を取得し、訴訟で攻撃してくるのを防ぐことができるのである。

■知的財産権の評価はビジネスモデルが不可欠

　多額の研究開発投資を行い多くの特許を保有している企業は、その特許がどれくらいの価値があるのか知りたいと思うだろう。特許の多くはほとんど無価値なものであり、こうした特許はメンテナンスにかかる費用を考えれば、どこかに寄付したほうがましである。しかし、IBMやTexas Instruments、ルーセントが特許によって多くの利益を上げているのだから、他の企業も同様にできないものだろうか。

　こうしたニーズに応じて、知的財産権のバリュエーションを行うコンサルタントが登場した。これらコンサルタントは、企業の保有する知的財産権のポートフォリオ全体の評価をし、どれくらいの価値があるかを教えてくれる。XeroxのPARCが1997年に外部コンサルタントに依頼したバリュエーションでは、その保有する知的財産権の価値は10億ドル以上との結果であった。これらはPARCのマネジャーたちにはショックな結果であった。1970年の創立以来、PARCには累計で10億ドル以上の資金が投下されていたからである。

　知的財産権のバリュエーションは簡単なものではない。知的財産権の価値とは、それを購入しようとする者に十分な情報が提供されている中で、支払おうとする対価と考えるのが理想的な方法である。便宜的な方法としては、その知的財産権を開発するのにかかった費用とする方法もあるが、これは知的財産権の価値の一表現にすぎず、通常は適切な評価とはならない。また、知的財産権を購入するであろう企業が研究開発に投資した費用は、知的財産権を購入する代わりに研究開発に投資したということで、こ

の機会費用を知的財産権の価値と考えることができる。また、同種の知的財産権がどのような価値で売買されているかという観点から、知的財産権の価値を推計することができる。[※29] 知的財産権のバリュエーションをするコンサルタントは、こうした方法を織り交ぜて知的財産権の価値を算定している。しかし、こうした方法は、知的財産権がどのようなビジネスモデルで活用されるべきか、という問いの答えを教えてはくれない。

　Xeroxが実際に知的財産権を売却するに当たって、コンサルタントの評価は非常に楽観的なものであった。Xeroxはあるテクノロジーについて、自社内では将来的な使い道がないとして、スピンアウトしPlaceWareというベンチャー企業を設立しようとした。[※30] Xeroxはこのスピンアウトにより、投資資金をいくらか回収しようと考えていた。

　問題となるのは、このテクノロジーをどのようなビジネスモデルで活用するかである。Xeroxのイメージは漠然としており、具体的にどのように商品化できるのか明らかではなかった。PlaceWareが外部から資本を募集したとき、この価値評価が問題となった。

　これまでXeroxは500～600万ドルを投資し、5から6人の研究員からなるチームを4、5年間維持してきた。当初、Xeroxはこのテクノロジーの価値を800～900万ドルくらいであると考えていた。知的財産権の売り手にとっては、その価値はこれまで投資してきた額と同じくらいであると考えるのは自然なことである。

　しかし、知的財産権の買い手にとっては、こうした考えはおかしなことである。知的財産権が活用できるビジネスモデルが明らかではなく、4、5年かかって作成されたプログラムは、商品化するには全部書き直さなければならなかった。このように、知的財産権の買い手にとっては、ある知的財産権から利益を上げるのに、あとどれだけ投資する必要があるのか、ということが重要なポイントとなるのである。

　XeroxとPlaceWareに出資するベンチャー・キャピタルとの交渉の結果、PlaceWareの価値はXeroxが期待した額をはるかに下回った。

PlaceWareの価値は300万ドルとされ、Xeroxはその10％の株式を保有し、PlaceWareに知的財産権の使用権を認めることとなった。さらに、Xeroxは4年満期の債券100万ドルを受け取った。この債券は、4年後にPlaceWareの価値が存在していれば償還されることになる。ゆえにXeroxはこのスピンオフにより、30万ドル（300万ドルの10％）から130万ドル（30万ドルと債券の満期時償還額100万ドルの合計）の間の価値を得たことになる。

　この結果は、知的財産権のバリュエーション・コンサルタントの評価を大きく下回っている。知的財産権の価値は、買い手が支払いたいと思う金額に依存するのである。これは、知的財産権を売却して投資を回収しようとしている企業にとっては注意しなければならない結果である。コンサルタントなどによる知的財産権の理論的な価値と、実際の市場価値とは大きく異なることがあるのである。テクノロジーを他社にライセンスすることは、他社のビジネスモデルを利用してそのテクノロジーから価値を創造しているといえる。テクノロジーにとっては、有効なビジネスモデルが見つからない限り、そのテクノロジーの価値は僅少なものとなってしまう。ゆえに、知的財産権から利益を得ようするならば、たとえ自ら商品化する予定はなくとも、知的財産権にとって有効なビジネスモデルを見つける努力をしなければならないのである。

脚注

※1　Kevin Rivette and David Kline, "Discovering New Value in Intellectual Property," *Harvard Business Review*, January-February 2000, 59.

※2　知的財産権の価値は自社のビジネスモデルのみならず、他社のビジネスモデルにも依存する。他社のビジネスモデルにおいて重要な知的財産権を保有していれば、他社のビジネスモデルの価値の一部を獲得することができるのである。Kevin Rivette and David Kline, *Rembrandts in the Attic: Unlocking the Hidden Value of Patents* (Boston: Harvard Business School Press, 1999).

※3　Myra Hart and Howard Zaharoff, "The Protection of Intellectual Property in the United States," note 9-897-046 (Boston: Harvard Business School Press, 1997), and

Michael Roberts, "The Legal Protection of Intellectual Property," note 9-898-230 (Boston: Harvard Business School Press, 1998).

※ 4　U.S. Department of Commerce, Bureau of Economic Analysis Web site <http://www.bea.doc.gov/bea/dn/nipaweb>

※ 5　National Science foundation, National Science Board, "Science and Engineering Indicators: 1998," publication NSB 98-1 (Arlington, VA: National Science foundation, 1998), 6-15.

※ 6　Michael A. Mann and Laura L. Brokenbough, "Survey of Current Business: U.S. International Service," report prepared for U.S. Department of Commerce, Bureau of Economic Analysis, October 1999, 72-75.

※ 7　Peter Grindley and David Teece, "Managing Intellectual Capital: Licensing and Cross-Licensing in Semiconductors and Electronics," *California Management Review* 39, no.2 (1997): 8-41.

※ 8　Business Planning & Research International, "Intellectual Property Rights Benchmark Study," Report prepared for BTG International (London, June 1998).

※ 9　Ashish Arora, Andrea Fosfuri, and Alfonso Bambardella, *Markets for Technology: The Economics of Innovation and Corporate Strategy* (Cambridge, MA: MIT Press, 2001).

※ 10　Wendy Bukowitz, "Visualizing, Measuring, and Managing Knowledge," *Research Technology Management* 40 (July-August 1997):67-74.

※ 11　Josh Lerner, "Patenting in the Shadow of Competitors," *Journal of Law and Economics* 38 (October 1995):466-473.

※ 12　1990年にEastman Kodakの支払った賠償金は9億ドルであったが、これに実際の在庫処分費用等のコストを加えると、実際に要したコストは10億ドルを上回った。

※ 13　Samuel Kortum and Josh Lerner, "What Is Behind the Recent Surge in Patenting?" *Research Policy* 28 (January 1999):1-22.

※ 14　Jeff George, "The Patent Pipeline," presentation to the Innovators' Breakfast Series, hosted by the *MIT Technology Review, Cambridge,* MA, 13 April 2000.

※ 15　Sarah Milstein, "Protecting Intellectual Property," *New York Times,* 18 February 2002, <http://www.nytimes.com/2002/02/18/technology/ebusiness/18NECO.html>.

※ 16　F. Scherer and D. Harhoff, "Technology Policy for a World of Skew Distributed Outcomes," *Research Policy* 29 (April 2000): table 1, p.560.

※ 17　著者による非公式の調査であり統計的に代表的なサンプルを対象としているわけではない。

※ 18　Stanford University, Office of Technology, Web site, <http://otl.stanford.edu/

inventors/policies.html#royalty> (accessed 14 February 2002).

※ 19　Michael Watkins, "Strategic Deal-Making at Millennium Pharmaceuticals," Case 9-800-032 (Boston: Harvard Business School, 2000). Stefan Thomke, "Millennimu Pharmaceuticals (A)," Case 9-600-038 (Boston: Harvard Business School, 1999). Mark Levin, "Mastering the Value Chain," *Harvard Business Review,* June 2001, 108-115.

※ 20　2001年末には市場価値は130億ドルに上昇した。しかし2002年には他のバイオ企業と同様に急落した。

※ 21　Watkins, "Strategic Deal-Making," 9.

※ 22　Millenniumは依頼主が一定の年数以内に特定分野で開発を行わない場合には知的財産権はMillenniumに戻ってくる契約としていた。

※ 23　Watkins, "Strategic Deal-Making," 12.

※ 24　Watkins, "Strategic Deal-Making," 10.

※ 25　Millennium Pharmaceuticals, 10-K form (7 March 2002).

※ 26　David Champion, "Mastering the Value Chain: An Interview with Mark Levin of Millennium Pharmaceuticals," *Harvard Business Review,* June 2001, III.

※ 27　IBM Web site, <http://www.ibm.com/annualreport/2001/financial_report/fr_md_ops_result.html> (accessed 9 October 2002).

※ 28　Tim Jackson, *Inside Intel: Andy Grove and the Rise of the World's Most Powerful Chip Company* (New York: Dutton, 1997).

※ 29　Russel Parr, *Valuation of Intellectual Property and Intangible Assets,* 2nd ed. (New York: John Wiley & Sons, 1994).

※ 30　Christina Darwall and Henry Chesbrough, "PlaceWare: Issues in Structuring a Xerox Technology Spinout," Case 9-699-001, teaching note, 5-601-118 (Boston: Harvard Business School, 1999).

第9章
オープン・イノベーションに向けた戦略と戦術

- ■ イノベーションに関する現状の確認
- ■ 現在のビジネスを成長させる──イノベーションのロードマップの作成
  - 現在のビジネスのギャップを埋める
  - 現在のビジネスの盲点を埋める
  - 社外のテクノロジーを社外の専門家により評価する
  - 社外のテクノロジーのライセンス取得
  - ニーズを満たすためのベンチャー投資
- ■ 新たなビジネスを成長させる
- ■ 自分のテクノロジーでポーカーをする
- ■ イノベーションに最適なビジネスモデルの見つけ方
- ■ イノベーションのスピードアップの方法
  - 大学での研究の利用
  - 社内での研究開発の必要性
- ■ オープン・イノベーションと公共政策
  - オープン・イノベーションにおける政府の役割
- ■ 複数のビジネスモデルとイノベーション

多くの産業において、企業内の「中央研究所」による研究開発は時代遅れとなっている。知識は普及しており、アイデアは急いで活用しなければその価値はなくなってしまう。こうした状況では、社外の知識と社内の研究開発を結合するオープン・イノベーションが必要である。

社外に優秀な人材がいることは、もはや脅威ではない。それは新たな収益機会である。社内の人材が社外の人材とコネクションを持ち、情報収集を怠らなければ、社外のアイデアを社内のイノベーションに活用することができる。また社内のアイデアも社外のアイデアを用いることにより何倍も活用することができる。

これは価値創造にとって非常に強力な方法である。しかし、その創造された価値を自社で獲得することができるかどうかは別問題である。価値獲得のためには社内での研究開発が必要である。社内における研究開発により、テクノロジーの相互依存関係が解明できる。そして自社のビジネスモデルに従い、バリュー・チェーンのどの部分を自社が担当し、どの部分を他社に任せるのかを明らかにすることができる。知的財産権を売却したり購入したりすることは、ビジネスモデルを確立し実現するのを容易にしてくれる。社内ベンチャー・キャピタルやライセンス、スピンオフ、外部の研究プロジェクトへの投資も、イノベーションを活発にするための有効なツールなのである。

しかし、こうしたプロセスへの移行に当たっては問題もある。社内のクローズド・イノベーション的メンタリティをどのように変えればよいのだろうか。社外のアイデアにアクセスするために、社内のアイデアのコントロールをあきらめることは現実的であろうか。本章ではこうしたオープン・イノベーションへの移行に当たって有効な戦略と戦術を紹介する。

■イノベーションに関する現状の確認

まずは、イノベーションにおける社内や業界の現状の確認からはじめよ

う。これはあなたの企業や業界の戦略地図を作成するために必要な作業である。次の質問に答えながら地図を作ってみよう。

- 過去5年間、あなたの企業や業界において、重要なアイデアはどこから生まれたか。それらはあなたのビジネスモデルに合っているか。
- ベンチャー企業はどのような役割を果たしたか。マーケットに参入し利益を上げることができたか。彼らのアイデアはどこから生まれたか。彼らのビジネスモデルは何か。
- あなたの業界におけるベンチャー・キャピタルの役割は何か。積極的な投資家は誰か。どのような事業に投資しているか。あなたの企業の投資とどう異なるか。
- あなたの業界において大学の役割は何か。大学の役割が重要となる分野はどこか。その分野で一流の教授は誰か。

第一の質問に対して答えてみよう。私がエグゼクティブにこうした質問をしたところ、しばしば、重要なアイデアは意外なところから生まれているようである。また、私が多く聞くのは、社内の研究開発スタッフは短期的な目標達成に忙しいため、結果的に投資したほどには新たな知識を生み出してはいないということである。

第4章の方法を用いてビジネスモデルを確立することは重要である。あなたのターゲットとなるマーケットは何か。バリュー・プロポジションは何か。どのように利益を上げるか。どのように価値を創造し、獲得するか。重要なサード・パーティは誰か。このような質問に、明確な回答ができる者は少ない。ビジネスモデルを確立し、社内で考え方を共有することは重要なことである。また、ビジネスモデルは、イノベーションプロセスにおいて、テクニカルな研究活動とビジネス（営業）活動を結合させる言語となる。

ビジネスモデルが確立したならば、業界において最近起業したベンチャー企業をみてみるとよい。これらベンチャー企業は成功しているだろうか。その理由は何か。どのようなビジネスモデルを採用しているか。そ

れはあなたの企業とはどこが異なるのか。ベンチャー企業は、既存の企業が無視しがちなビジネスモデルやテクノロジー、マーケットについて教えてくれることが多い。多くの大企業はベンチャー企業をよく観察しない。しかしオープン・イノベーションの世界では、ベンチャー企業は無視できない存在であり、重要な経験を教えてくれる存在なのである。

また、ベンチャー・キャピタルについてもみてみよう。ベンチャー・キャピタリストは超多忙なので、会食をセットするのは非常に難しい。彼らは通常の企業重役とは全く異なっている。彼らはあなたに懐疑的な態度を示すかもしれない。しかし、分別のあるベンチャー・キャピタリストならば、あなたとテクノロジーやマーケットについての情報交換をするために時間をとってくれるだろう。彼らは投資している分野について豊富な情報を持ち、しっかりとした考えを持っている。彼らとあなたの意見が異なっていても驚く必要はないし、議論する必要もない。彼らの考えをよく聞くことは非常に勉強になるはずである。あなたも彼らにとって役に立つはずである。あなたの企業と共同投資したり、テクノロジーで提携したり、ベンチャー・キャピタリストの投資先企業を買収したりすることがあるかもしれない。株式市場のバブルがはじけた今、ベンチャー・キャピタリストは大企業との密接な関係を求めているのである。

最後に、あなたの企業と大学との関係を確認すべきである。大学との良い関係とは、単に大学に研究資金を寄付するだけではない。社内の研究員と大学教授や学生が個人的な関係を築き、さまざまな成功・失敗体験について情報交換を行っていく必要がある。こうした活動を通じて多くのことを学ぶことができるだろう。

このように、現在のイノベーション活動の現状を確認することにより、2つの重要なことが可能となる。あなたの企業の現在のビジネスを成長させることと、新たなビジネスを成長させることである。

■現在のビジネスを成長させる──イノベーションのロードマップの作成

　将来の研究開発プロジェクトについてのロードマップを作成することは非常に有効である。図表9－1に半導体業界のロードマップの例を示す。ここでは、いつ、より小さくより高速なチップが開発されるかが示されている。こうしたロードマップにより、多くの企業は、どのように投資をし、他の企業の行動にどのように合わせていくべきか知ることができる。

図表9－1　半導体イノベーションのロードマップ

	製造開始年							
	1991	1993	1995	1997	1999	2001	2003	2006
回路の幅（ミクロン）	0.08	0.50	0.35	0.25	0.18	0.15	0.13	0.10
DRAMのサイズ	4MB	16MB	64MB	256MB	1GB		4GB	16GB
インテルのプロセッサ	i486 50Mhz	i486 100Mhz	Pentium	Pentium Pro	Pentium III	Merced (Itanium)		

出典：Semiconductor Industry Association Industry Roadmap (1994, 1996)

現在のビジネスのギャップを埋める

　ロードマップにより将来のプランがより明確になり、現在のビジネスにおいて売上げやマーケット・シェアを維持するために、埋めるべきギャップが明らかになる。こうしたギャップを早期に見つけることは、企業にとって非常に重要なことである。社外の知識はこうしたギャップを埋めるのに適していることが多い。また社内の研究開発が停滞しているときに、社外の知識はそれを埋め合わせてくれることもある。

現在のビジネスの盲点を埋める

あなたのビジネスモデルは外部のアイデアやテクノロジーをどのように社内に取り入れるかを明確にしてくれる。あなたのビジネスモデルでは、どこのイノベーションに注目すべきだろうか。また、あなたのビジネスモデルの支配的ロジックにより、あなたのビジネスモデルにおいて注目されていない盲点はどこだろうか。ビジネスモデルが成功していればいるほど、盲点は存在するものである。これを明らかにするには、社外のアイデア、テクノロジー、ビジネスモデルが有効である。これらは外部の環境で創造され試されたものであるため、社内で黙殺されることがないからである。

社外のテクノロジーを社外の専門家により評価する

ビジネスモデルのギャップと盲点を認識したならば、社外のアイデアやテクノロジーの評価に入ることになる。科学者によるアドバイザリー委員会を設置するのもひとつの方法である。委員会において、将来のロードマップとビジネスモデルを議論してもらい、あなたの企業の将来のトレンドや収益機会を明らかにし、あなたの見解に委員会が同意するかどうか試すとよい。委員会はあなたのプロジェクトに関する、社外の情報を知っているかもしれない。より強力で、リスクが低く、安価な方法を提案してくれるかもしれない。研究開発担当のマネジャーも入れて、委員会からの提案を具体的な計画に取り入れるとよい。初期のうちに研究開発計画を方向修正するほうが、後になってから修正するよりも安くすむものである。

社外のテクノロジーのライセンス取得

あなたの企業が、ライセンス取得により取り入れることができる社外のテクノロジーについて考えてみる。多くの企業はこうしたことをやらない。

であれば、なぜやらないのか考えてみよう。役に立つ知識が社外にないからだろうか。それとも単に探していないだけだろうか。

　企業によってはライセンス取得の手続きを弁護士に任せている場合もある。法務はライセンス取得の重要な部分を占めるが、すべてを弁護士に任せるのは間違いである。ライセンス取得には重要なビジネス上の問題も含まれているので、このすべてを弁護士に任せてはならない。たとえば、NIH（not invented here）アレルギーがある。これは、社内の研究開発部門が外部からテクノロジーのライセンスを受けることにアレルギーを示すことである。彼らは外部のテクノロジーの危険性を強調し、その有効性を過小評価する傾向がある。外部のテクノロジーの導入には、こうしたリスクとメリットをバランスさせる必要がある。こうした作業を弁護士のみに頼っていては、うまくいかない。

　また、ライセンスに伴う対価や、どれだけ独占的にそのテクノロジーが使用できるかなども重要な問題である。独占的に使用できる度合いが高ければ高いほど、支払うべきライセンス料も高くなる。またテクノロジーの使用分野を限定し、他の分野で他社の使用を認めれば、ライセンス料を安くすることができる。これらの問題はあなたのビジネスモデルと密接に関わる問題であり、弁護士にのみ任せることはできない。

　これまで述べたような、ビジネスモデルのギャップや盲点を埋めるプロセスは図表9-2に示されている。ここでは、外部からのライセンス取得のほか、ベンチャー投資やテクノロジー買収などの方法も示されている。図では研究開発のさまざまな段階で外部からテクノロジーを取り入れることが示されている。研究開発の初期の頃は研究開発プロジェクトも不確実性が高くマーケットに出すまでに時間がかかる。しかし、テクノロジー買収は、既に完成した製品技術を取得し直ちにマーケットに出すことが可能になる。ベンチャー投資やテクノロジーのライセンス取得は、その中間的な方法である。あなたの想定するロードマップにより、外部のテクノロジーの取得方法も異なることになる。どの方法が最適であるか、タイミン

図表9－2　外部のテクノロジーによるギャップを埋める方法

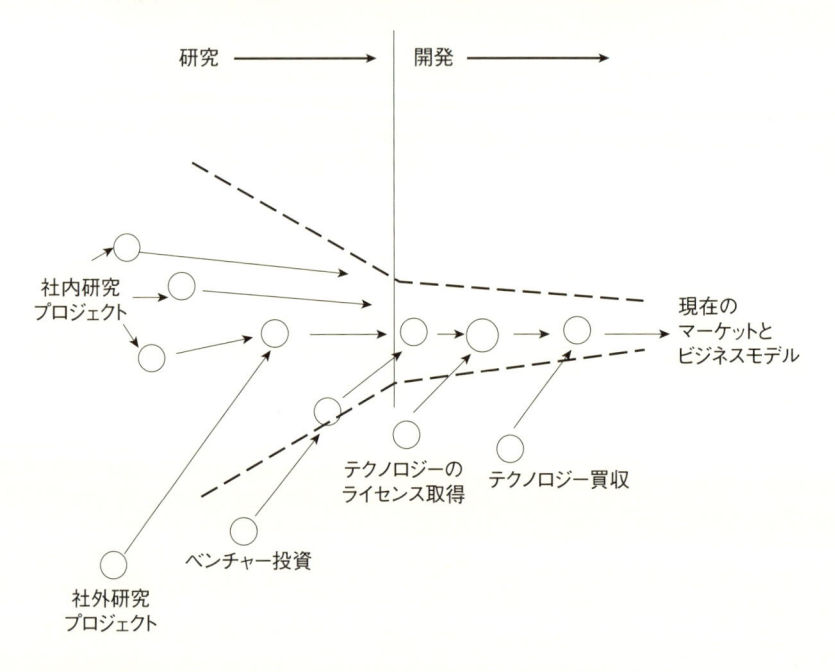

研究　→　　　開発　→

社内研究プロジェクト

社外研究プロジェクト

ベンチャー投資

テクノロジーのライセンス取得

テクノロジー買収

現在のマーケットとビジネスモデル

グやリスク、コストなどの点を比較検討する必要がある。

　現在のビジネスのギャップを埋めるためには、社内の研究開発部門を無視してはならない。社内の研究開発担当者は、社外のテクノロジーを評価するのに非常に役に立つ。NIH問題に対処するために、有効な社外のテクノロジーを見つけた者にボーナスを出すようにすべきである。あなたのビジネスにとっては、社外のテクノロジーも社内のテクノロジーも全く同じように価値を創造してくれるのである。

ニーズを満たすためのベンチャー投資

　あなたのビジネスに関する知識をもとに、ベンチャー企業に投資することにより、あなたが社内では満たすことができない顧客のニーズを満たす

ことができる場合もある。ベンチャー企業の活動に対して、取締役として参加し、何がニーズに適合し、何が適合しないかを知ることができる。ベンチャー企業との関係を持つことは、マーケット・リサーチよりも価値がある。実際に製品を作り、顧客に販売している企業を見ることができるからである。あなたはそのベンチャー企業の顧客になったり、戦略の立案にあなたの経験を生かしたりできるだろう。また、さらに進んで、あなたの企業の戦略上必要であれば、ベンチャー企業と提携したり買収したりすることもありうる。

　基本的な原則は、社内と社外の知識を用いて顧客のために価値を創造し、その価値を獲得するために、社内のテクノロジーを用いることである。もし他社が提供するテクノロジーがあなたのビジネスを進めるのに役立つならば、それを用いるのが最良で最速の方法である。社内のテクノロジーの開発を待っていては間に合わない。しかし、コアとなるテクノロジーや補完材には自ら投資しなければならない。価値を獲得するために他社に依存してはならないのである。

■新たなビジネスを成長させる

　既存のビジネスのギャップを埋めるのは、社外の知識を利用する一面でしかない。イノベーションとは、既存のビジネスを伸ばすだけではなく、新たなビジネスを成長させることでもある。これにはリスクがつきまとう。多くのイノベーションは失敗するのである。しかし、既存のビジネスは必ず限界に突き当たる。イノベーションしない企業には死あるのみである。

　新たなビジネスを成長させるには2つの方法がある。買うか、作るかである。買う場合のM&Aなどは本書の範囲外である。ただし、忘れてはならないのは、新たなビジネスを買う場合には、他人が作ったビジネスの価値の分だけ支払うことになる。よって、あなたにとっての新たなビジネスの価値とは、買ったビジネスをさらにどれだけ成長させることができるか

である。

　社外の知識は、あなたのロードマップに載っていない新たなビジネス機会を見つけるのに役立つ。こうしたビジネス機会はあなたの企業を業界において有利な位置に導くだろう。あるいは、業界の境界を広げ、業界を変化させるかもしれない。

　新たなビジネス機会は、ベンチャー企業の参入が目立つところでもある。特に、ベンチャー企業が業界の境界を広げようと挑戦している場合には注意して観察する必要がある。これらベンチャー企業は、業界における既存のプレーヤーが見つけることができないビジネス機会をとらえているからこそ、資金を集めることができるのである。彼らを注意して観察することにより、あなたの企業にとっても有益な情報が得られるかもしれない。

　ベンチャー企業のしていることが正しいかどうか判断がつかないときは、すぐに判断せずに、しばらくの間様子をみるべきである。ベンチャー企業が成長するにつれて、従業員を増やしたり、顧客層を拡大したり、ビジネスモデルを明確化していくのを観察することにより、彼らの狙いが明らかになるはずである。新たなテクノロジーにより出現するマーケットでは、情報を得るためにはリスクをとらなければならない。リスクをとる企業だけが、本当にマーケットにビジネス機会があるかどうか知ることができる。ベンチャー企業を注意深く観察することにより、こうした情報をいち早くキャッチすることができるのである。

■自分のテクノロジーでポーカーをする

　社内のイノベーションプロセスも、新たなビジネスの源泉である。ここでは、他人に投資する必要はないが、既存のビジネスのマネジメントとは異なるプロセスを用いる必要がある。XeroxのPARCにおける、ポーカーとチェスの例を思い出してもらいたい。Xeroxはその既存のコピー機やプリンタのためのテクノロジーをPARCにおいて開発する（チェスをする）

ことができたが、新たなビジネスを創造する（ポーカーをする）ことはできなかった。ベンチャー・キャピタルが投資先企業を育てるのに採用するプロセスは、社内で新たなビジネスを育てるのに参考になる。ときには、ルーセントのNVGのように、ベンチャー・キャピタルに実際に投資することも必要になる。

イノベーションから新たなビジネスを作るには、その研究開発プロジェクトが、社内から直接マーケットに出て行くべきなのか、社外を経由してマーケットに出て行くべきなのか（提携やスピンオフ、ライセンス）を判断しなければならない。ここで問題となるのは、社内のビジネス部門のNSH（not sold here）アレルギーである。これは研究開発のNIHアレルギーと対になるものである。NSHアレルギーとは、社内のビジネス部門が、製品を自らの販売網を経由する以外売らせないとするものである。彼らは、自社のテクノロジーは自社が独占し、販売も独占的に行わなければならないと考えている。彼らの主張は次のようなものである。

- 他社を使うとテクノロジーのコントロールが危うくなる。
- コントロールを失うと、他社がテクノロジーを盗む。
- 他社がわれわれのテクノロジーで利益を上げることになる。

もしビジネス部門がテクノロジー開発に資金を提供してくれるならば、彼らにそのコントロールを任せてもよいだろう。素早くマーケットに出してくれるはずである。あるいは、後になって、自ら進出できないマーケット分野には、他社にライセンスすることにより進出するかもしれない（IBMはよくこの手を使う）。いずれにせよ、ビジネス部門に判断させてよいだろう。

しかし、ビジネス部門が資金を提供してくれないにもかかわらず、テクノロジーの独占的な使用を主張しているならば、それはテクノロジーの棚上げを主張していると考えるべきである。Xeroxや多くの企業がそうであったように、ビジネス部門はテクノロジーを長期間放置しておく傾向がある。テクノロジーを棚上げすれば、それをすべて失ってしまうおそれが

ある。ゆえに、ビジネス部門のいうことは聞かずに、他社に使用させることにより利益を上げることを考えるべきである。他社に使用させて利益が上げられないならば、自社で使っても利益を上げることはできないのである。

■イノベーションに最適なビジネスモデルの見つけ方

　NSHアレルギーを克服したならば、次はそのイノベーションに最適なビジネスモデルは何かが問題となる。もし既存のビジネスモデルがそのテクノロジーに適したものであれば、そのビジネスモデルを発展させるのが最適な方法である。もしあなたの企業が補完材も提供しているならば、なお良いだろう。しかし、もし他社のビジネスモデルがそのテクノロジーに最適であれば、どうだろうか。これは二者択一の問題ではない。IBMは自社でテクノロジーを使用すると同時に、それを競争相手を含む他社にライセンスしている。これはテクノロジー開発にかかる固定費用が高いときに有効な方法である。

　もしテクノロジーにとって適切なビジネスモデルが社内や社外に見当た

図表9-3　マーケットへの道

マーケットへの道	ビジネスモデル	ビジネスインパクト
社内または社外のアイデア → 社内のビジネスモデルは適切か？ Yes →	現在のビジネスモデル／現在のビジネスモデルのバリエーション	→ 現在のビジネス／現在のビジネスの拡張
No／両方 ↓ 社外に適切なビジネスモデルがあるか？ Yes →	他社のビジネスモデルにライセンス	→ 特許料のレベルは？ ●排他的か非排他的か ●使用可能分野は？ → 収入増
No ↓ 全くの新製品・ビジネス 破壊的イノベーション ↓ スピンオフしてベンチャー企業設立 →	新たなビジネスモデル	→ 自社は補完材を提供しているか Yes → 自社の新たなビジネス／No → 他社のビジネス

第9章 オープン・イノベーションに向けた戦略と戦術

らない場合には、そのテクノロジーは捨てるか、ベンチャー企業に新たなビジネスモデルを探させるかしかない。そのためには、XeroxのPARCやルーセントのNVGが行ったスピンオフの方法が有効である。スピンオフされたベンチャー企業が元の企業に新たなビジネスをもたらす場合もある。特に元の企業が補完材を提供している場合はそうである。ベンチャー企業は元の企業の外部にとどまる必要は必ずしもない。こうした関係は図表9－3に示されている。

■イノベーションのスピードアップの方法

イノベーションのスピードアップも、オープン・イノベーションを採用するメリットのひとつである。図表9－3に示すプロセスを活用することにより、研究開発プロジェクトのリフレッシュをすることができる。オープン・イノベーションはアイデアを社内または社外からマーケットに出すスピードを上げる。早くマーケットに出すと、マーケットからのフィード

図表9－4　新たなビジネスの成長

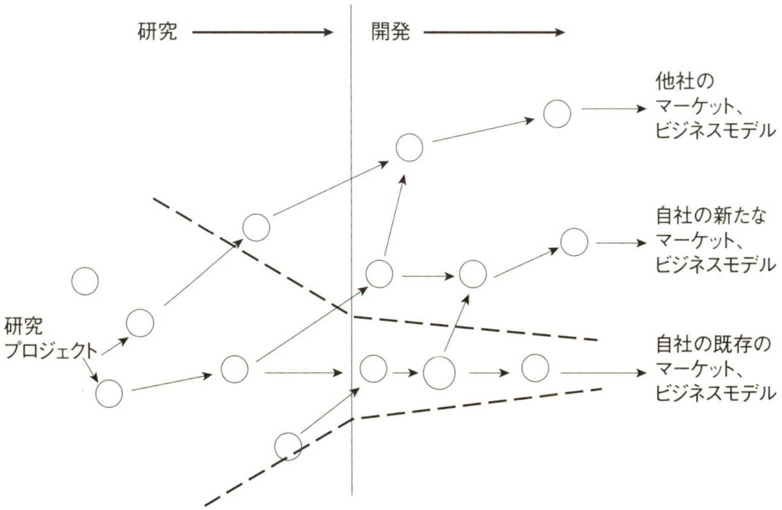

バックも早くなる。ゆえに、多くのことを学ぶことができる。能力がある企業でも、こうしたフィードバックのスピードが遅ければ、能力は劣るがスピードの速い企業に抜かれてしまう。[※1]

図表9－4には図表9－3のプロセスの結果として、プロジェクトが最適なビジネスモデルに向かって流れていく姿を示す。これは自然にこうなるようなプロセスではなく、適切なマネジメントが必要である。企業は社内の緊張と反対に対処しなければならない。しかし、最終的には得るところは大きい。

大学での研究の利用

イノベーションのプロセスは、常に新たなアイデアが製品に反映されるような、アイデアのフローを維持する必要がある。そのためには、インテルでみたように、大学や、核兵器研究所における発明でさえ、ビジネスモデルに取り入れなければならない。

インテルのように、新たなアイデアが生まれ続ける大学の研究をサポートするのは、ひとつの有効な方法である。この方法を採用するのは、インテルほどの規模がなくても可能である。多くの大学は独立した研究所を持っており、これらは資金サポートを必要としている。これら研究所の教授に個別に資金を寄付したり設備の使用を認めたりするだけでよいのである。適当な教授がみつかれば、彼（女）の活動に協力し、たとえば大学の講義にあなたの研究員を講師として派遣してもよい。また、学生をあなたの企業のプロジェクトに参加させてもよい。その大学の研究所の企業アドバイザーになってもよい。

これらが高価だと考えるならば、大学院生の学費のスポンサーになってもよい。大学院生の教育コストは大学にとっても大きな負担であり、学費のスポンサーになることは感謝されるだろう。しかし、ただスポンサーになるだけではダメである。インテルのように、学生と会う時間を割き、そ

の研究をよくフォローするべきである。学生の興味とあなたの企業の興味がどのように関係するのかよくみる必要がある。また、夏休みには教授や学生があなたの企業を訪問し、共同研究する機会を持つとよい。結果的に、安価に優秀な人材を採用することができるかもしれない。

社内での研究開発の必要性

創造された価値を獲得するために、また、他社のアイデアを社内に取り込むためには、社内での研究開発も継続的に行っておく必要がある。しかしこれは第2章で述べたような閉鎖的なものであってはならない。IBMのように、研究と開発を密接にリンクさせ、ときには研究員を顧客のそばに配置するとよい。また、インテルのように社内の研究員に社外のアイデアやテクノロジーを評価させるのもよい。

社内の研究員には、自社のビジネスモデルや将来のロードマップについてよく理解してもらう必要がある。多くの場合、研究員にとってこれらは明確ではない。また研究員が賛成しない場合もある。いずれにせよ、研究員がこれらを無視して研究を続けるのは好ましくない。研究員は自社のビジネスモデルや他社の活動について十分理解しながら行動するべきである。こうすれば、テクノロジーをマーケットに出す方法が、社内のみならず社外に見つかる場合もあり、研究員のテクノロジーを実現したいという欲求を、結果的に満足させることができるのである。

■オープン・イノベーションと公共政策

オープン・イノベーションは知識やアイデアの幅広い活用を可能にする。これは社会にとっても新たな価値創造を可能とするものである。こうした新たな機会ができることは、これまでにない新たな問題も生じさせる。

ひとつの問題は、次世代の発明のための「種（シード）」である。最近

の企業、政府、大学の分業体制では、企業は基礎研究にあまり投資しなくなった。1960年代のように企業の研究所から知識が生まれ普及するような姿は、今後は期待できない。

次世代の発明のためのシードは政府や大学が提供する必要がある。特に大学の基礎研究における役割は増大している。企業は大学との関係を深めて、その研究成果を受け入れ、適切なビジネスモデルにより商品化を行っていくべきである。

オープン・イノベーションにおける政府の役割

基礎研究の役割が政府部門にシフトしているといっても、基礎研究を政府の研究員が行う必要は必ずしもなく、大学の研究に資金を提供する方法もある。しかし、単に多くの税金を研究に投資するだけでは十分ではなく、いかに適切に投資するかが問題となる。

資金の配分は、どのような学問的な価値を発表するかに基づいて判断すべきである。特別の政治的なコネクションによったり、非公開の情報に基づいて判断すべきではない。研究成果が発表されないと、政府もどのように税金が使われているのかモニタリングすることができない。また、企業や他の研究員もその研究成果を活用する機会を失うことになる。これは知識のフローを阻害し、知識の相乗効果による発展を否定するものである。

こうした場合、企業は罠に陥りがちである。政府の資金は最も価値のあるプロジェクトに投資するのが社会的に最適ではあるが、企業は自分のプロジェクトに投資してもらおうとロビー活動をすることが多い。そして短期的に高い利益を獲得しようと計画する。しかし、政府の資金援助がなければ成り立たないような経済合理性のないプロジェクトに、人材や資金を投入することは、知識が普及した現在においては、企業として正しい判断とはいえない。政府が正しく価値のあるプロジェクトに資金を提供するポリシーをとれば、企業においても価値の高い研究プロジェクトを行うイン

センティブが高まるのである。

　また企業は、政府のサポートによる研究の成果を公表したがらない。しかし、公表しなければ外部からの批評を受ける機会を失い、プレッシャーも減るので社内における成果活用のスピードも遅くなってしまう。研究成果をオープンにすることにより、アイデアを活発に交換し、アイデアの活用を他者と競争しながら行う環境を作ることができる。秘密主義は、アイデアの有効な活用を阻害するのである。

　政府は知識が効率的に活用されるように、知的財産権制度の整備も行う必要がある。特許の承認プロセスは透明で納得性のあるものでなければならない。特許は明確で、その保護範囲はできるだけ限定的にするべきである。

　また政府は、知的財産権の争いについての審判の役割も果たす必要がある。知的財産権に関する争いを効率的に処理し、違反に対する損害額や回復措置を判断する必要がある。知的財産権から予測不可能性を取り除き、アイデアの交換を容易にすることにより、イノベーションを活発にすることができる。このプロセスに曖昧さや複雑さが残っていると、特に規模の小さいベンチャー企業が新たな試みを行うことを妨げることになってしまう。

　さらに厄介な問題としては、政府がサポートした研究プロジェクトの成果に対してどのように知的財産権を与えるかということである。米国においては、1980年のBayh-Dole法により、大学に対しては、政府の資金援助による研究に対する知的財産権が認められている。これら知的財産権は大学の保有となる。ある調査によると、この知的財産権により大学は多くの利益を得ている。特に生命科学の分野に顕著である。こうしたポリシーは有用な知識の普及を妨げることになる。こうしたポリシーは特定の業界の問題にとどまらず、国のイノベーション・システムの問題でもある。

　大学の教授は産業界ともっと接触を持つべきである。大学の教授が民間企業から資金を受け取るのを禁止している場合があるようだが、それでは

産業界と大学の間に壁を設け、大学から有用な知識が産業界に広がるのを妨げてしまう。過度の接触で科学的な厳密さを失ってはならないが、一定の接触は双方にとって有益なものである。

イノベーションを進める企業は、大学との関係をよく考えなければならない。政府には、大学での基礎研究の結果が公表され、産業界に広がるような政策を要請すべきである。大学に資金を提供し企業側は研究成果に（排他的ではないが）早期にアクセスできる、といった双方に利益のあるWin-Win戦略をもってのぞむべきである。これにより、企業や大学の研究課題を産業界が関心のある方向に向けると同時に、社会へも知識を普及させることができるのである。

■複数のビジネスモデルとイノベーション

企業は引き続き研究成果を商品化することにより顧客のニーズに応えていくよう努力すべきである。そのためには、社内のアイデアと社外のアイデアをうまく結合してビジネスモデルを通じて商品化していく必要がある。社会にとっては複数のビジネスモデルが存在するほうがより利益を受けるかもしれない。しかし、企業が複数のビジネスモデルをマネージすることは困難である。ゆえに、アイデアやテクノロジーは、最も成功したビジネスモデルを通じてマーケットに出て行くことになる。

研究開発に規模の経済性があったクローズド・イノベーションの世界では、独占が存在したが、オープン・イノベーションにおいては、独占が存在するのは困難である。知識が普及することにより、他の知識と結合して新たなイノベーションが加速度的に生まれるようになってきたからである。

Xeroxの独占から脱出しEthernetを商品化したRobert Metcalfeによれば、これまでのイノベーションに対するアプローチは、大企業に独占を許すかわりに、大企業に基礎研究をしてもらうというものであった。[※2]

これは過去には正しかったかもしれないが、知識が普及した社会におい

て、企業内に知識を閉じ込めて、その企業のビジネスに必要なときのみに使用するといった方法はもはや通用しない。既存のビジネスを成長させたり、新たなビジネス分野に進出するには、企業は社外の知識と社内の知識を結合させなければならない。そのためには、社内に知識を蓄積すると同時に、知識を交換できるような人材・能力の取得にも投資しなければならない。このような企業により構成される社会が真の発展・繁栄を約束されているのである。

脚注

※1 Giovanni Gavetti and Dan Levinthal, "Looking Forward and Looking Backward: Cognitive and Experiential Search," *Administrative Science Quarterly* 45 (2000):113-137.

※2 Robert Metcalfeとの電話インタビュー(Boston, MA, 1 July 1999)。

■ 訳者あとがき

　本書はハーバード大学経営大学院(ビジネス・スクール)のヘンリー・チェスブロウ教授著作による「Open Innovation」の邦訳本である。私が同大学院在学当時、教授に指導を受けた縁で、今般、翻訳を担当させていただいた。教授は、ハーバード・ビジネス・スクールにおいてテクノロジー&オペレーションやイノベーション・マネジメントの講義を担当するかたわら、さまざまなベンチャー企業、ベンチャー・キャピタルの研究、アドバイザーも行っている、イノベーション分野の第一人者であり、将来最も有望な学者の一人である。

　本書で述べられている、「オープン・イノベーション」は、日本の実情には衝撃的な内容であると思われる。企業内部での終身雇用、年功序列を前提としたクローズド・イノベーション型の日本社会の構造が、いまや崩壊の危機にある。現在の日本社会、日本経済の閉塞状態は、まさにクローズド・イノベーション型社会の終焉ではないだろうか。こうした社会構造を、オープン・イノベーション型の社会構造に変革していくことができるかどうかに、日本の将来はかかっている。まさに「イノベーションしない企業(社会)には死あるのみ」なのである。

　本書はこうした時代にあって、ハーバード・ビジネス・スクールで研究されている最新のイノベーション理論をベースに、従来型のクローズド・イノベーション手法の限界を認識し、新たなオープン・イノベーションの道案内となるべく、執筆されたものである。特に、学界入り前に、シリコンバレーで実際のベンチャー活動経験のある著者自身の経験や、著者の人的ネットワークを駆使した調査にもとづく内容があますところなく紹介されている点は、浅薄に流れがちな類書を圧倒している。本書はビジネス専攻の学部学生やMBA志望者はもとより、企業においてイノベーションに関係する全ビジネスパーソン必携の書であり、広く一般の読者にもおすすめできるものと自負している。

末筆ながら、巻頭の推薦文をお寄せいただいたNEC会長の佐々木元氏をはじめ、同社の三谷一夫氏や、産業能率大学の栽原敏郎、矢後日出雄、榊淳一、飯島聡也の各氏には、本書の完成に至るまで大変お世話になった。また、妻智子にもさまざまな面でサポートしてもらった。ここに改めて感謝したい。なお、本書にお気づきの点があれば訳者（oboko@syd.odn.ne.jp）あてお知らせいただければ幸いである。

2004年夏
大前　恵一朗

オープン・イノベーション
索 引

数字・アルファベット

3Com ······················· 26、91
Adobe ·························· 93
Advanced Micro Devices (AMD) ········ 123
Al Shugart ······················ 50
Alfred North Whitehead ·············· 40
Ambuj Goyal ··················· 109
American Research and Development
　Corporation (ARD) ··············· 108
Andreas Papanicalou ················ 151
Andrew Garman ··············· 153、157
Andrew Grove ················· 122、135
Andy Ludwick ···················· 26
Apple ·························· 23
AT&T ···························· 3
Bayer ·························· 171
Charles Geschke ··················· 94
Chester Carlson ···················· 83
Citicorp ······················· 111
Coller Capital ···················· 156
CRL (Components Research Lab) ········ 128
CRO (Contract Research Organization) ··· 170
David Liddle ····················· 96
David Tennenhouse ················ 131
DEC ··························· 91
Delphion ······················ 174
DIX 連合 ······················· 92
Donald Massaro ··················· 96
DuPont ·························· 4
Ed Zschau ······················ 110
Edward Snyder ··················· 156
Eli Lilly ······················· 172
Ethernet ··················· 21、26、91
Fairchild Camera and Instrument ········ 122
First of a Kind プログラム ············ 118
GE (General Electric) ················· 3
George Doriot ···················· 108
George Pake ····················· 21
GE 研究所 ······················· 6
GI 権利の章典 ···················· 44
Gordon Bell ······················ 94
Gordon Moore ··················· 122
Henry Rowland ···················· 41
HP ···························· 3
IAL (Intel Architecture Lab) ··········· 128
IBM ···························· 3
Jacob Goldman ···················· 20
James McGroddy ·············· 31、111
Joe Wilson ······················· 83
John Seely Brown ·················· 32
John Warnock ···················· 94
LAN ··························· 91
Lucent Digital Video (LDV) ··········· 150
Merck ······················· 4、65
Metaphor ······················· 95
Michael Porter ···················· 79
Millennium Pharmaceuticals ········ 16、170
Monsanto ······················ 172
Moore の法則 ··················· 123
MOS (metal oxide semiconductor) ······· 124
MRL (Microprocessor Research Lab) ····· 128
Netscape ······················· 112
New Ventures Group (NVG) ······· 15、143
NIH (not invented here) ············ 46、191
NSH (not sold here) ··············· 195
PARC (Palo Alto Research Center) ········ 3
Paul Horn ······················ 109
Paul Wilford ···················· 150
Peter McColough ··············· 20、87
PlaceWare ······················ 180
PostScript ···················· 21、94

207

Richard Rosenbloom	77	コスト構造	80
Robert Adams	94		

Richard Rosenbloom ……77
Robert Adams ……94
Robert Metcalfe ……202
Robert Noyce ……122
Roche ……171
Ronald Schmidt ……26
Sarnoff研究所 ……45
Science: The Endless Frontier ……43
Steve Jobs ……94
Steve Socolof ……150
Steven Holtzman ……172
Sun-Lin Chou ……138
SynOptics ……26
T. J. Watson研究所 ……45
Tensilica ……175
Thomas Watson Jr. ……105
Tim Berners-Lee ……112
Tom Uhlman ……150
Vannevar Bush ……43
Victor Lawrence ……150
William Shockley ……21
xerography ……83
Xerox ……3

50音順

【あ】

インターネット ……112
インテル ……3
インテル・キャピタル ……132
オープン・イノベーション ……8
オラクル ……4

【か】

開発 ……47
開発部門 ……48
規模の経済 ……42
競争戦略 ……80
グラフィカル・ユーザー・インタフェース ……21
クローズド・イノベーション ……4
研究 ……47
研究部門 ……48

コスト構造 ……80

【さ】

サン ……4
シスコ ……2
システム360 ……105
支配的ロジック ……82
収益のアーキテクチャ ……80
正確にコピーせよ（Copy Exactly）……125
相互依存型システム ……70

【た】

ターゲット・マージン ……80
知的財産権 ……68
トマス・エジソン ……6

【な】

ニュー・ベンチャー・グループ（NVG）……15、143

【は】

破壊的イノベーション ……iii
バッファー ……49
バリュー・チェーン ……79
バリュー・ネットワーク ……80
バリュー・プロポジション ……77
範囲の経済 ……42
プロクター＆ギャンブル（P&G）……11
ベル研究所 ……2
ベンチャー・キャピタル（VC）……7
補完材 ……79
補完者 ……77

【ま】

マーケット・セグメント ……78
マイクロソフト ……3
自ら発明していないもの ……46
モジュラー型システム ……72

【ら】

リアル・オプション ……iv
ルイス・ガースナー ……110
ルーセント ……2

著者・訳者紹介

【著者】

◆ヘンリー・チェスブロウ（Henry Chesbrough）
ハーバード・ビジネス・スクール助教授、カリフォルニア大学バークレー校客員助教授。
エール大卒、スタンフォード大MBA（最優等）、カリフォルニア大学バークレー校Ph.D.。
Quantum社役員やコンサルタントとしても活躍。ベンチャー・ファンドNeuro Therapy Venturesの設立者。
論文等に、"The Differing Organizational Impact of Technological Change: A Comparative Theory of National Institutional Factors," *Industrial and Corporate Change*, vol. 8:3: 447-485, 1999. "Environmental Influences upon Firm Entry into New Sub-Markets: Evidence from the Worldwide Hard Disk Drive Industry," *Research Policy*, vol.32 (4), 2003: 659-678. "Graceful Exits and Foregone Opportunities: Xerox's Management of its Technology Spinoff Organizations," *Business History Review*, vol. 76 (4) winter, 2002: 803-838. "The Role of the Business Model in Capturing Value from Innovation: Evidence from Xerox Corporation's Technology Spinoff Companies," with Richard Rosenbloom, *Industrial and Corporate Change*, 2002, vol. 11 (3): 529-555. "The Governance and Performance of Xerox's Technology Spinoff Companies," *Research Policy*, vol.32 (3), (2003): 403-421.

【訳者】

◆大前恵一朗（おおまえ　けいいちろう）
東京大学法学部卒。ハーバード大学MBA。(社)日本証券アナリスト協会検定会員。
日銀、大蔵省、金融庁にて金融制度の企画・立案に携わる。
現在、日本銀行考査局企画役。
著書・論文等に、『一問一答　金融商品販売法』（共著、商事法務研究会）、『逐条解説　金融商品販売法』（共著、金融財政事情研究会）、『現代ファイナンス論』（訳、ボディ＆マートン著、ピアソン）、『最新　行動ファイナンス入門』（訳、ノフシンガー著、ピアソン）、『株式市場のアノマリー』（訳、ハウゲン著、ピアソン）、「金融商品の販売等に関する法律の概要」（ジュリスト1185号）、「銀行の株式保有についての金融審議会報告の概要」（商事法務1600号）、"Japan: Finding a Way Out" (Harvard Business School Case 799-032)。

OPEN INNOVATION 〈検印廃止〉

2004年10月28日　初版1刷発行
2018年 5 月10日　　　9 刷発行

著　者	ヘンリー・チェスブロウ	©Keiichiro Omae 2004, Printed in Japan.
訳　者	大前恵一朗	
発行者	飯島聡也	
発行所	産業能率大学出版部	

　　　　　東京都世田谷区等々力6-39-15　〒158-8630
　　　　　　（電 話）03（6432）2536
　　　　　　（FAX）03（6432）2537
　　　　　　（振替口座）00100-2-112912

印刷所/渡辺印刷　製本所/協栄製本

（落丁・乱丁本はお取り替えいたします）　ISBN978-4-382-05543-8　　無断転載禁止